Franz Renner

Was krabbelt auf der Wiese?

Eine Bestimmungshilfe für häufige Wiesentiere

Auer Verlag GmbH

Gedruckt auf umweltbewusst gefertigtem, chlorfrei gebleichtem
und alterungsbeständigem Papier.

1. Auflage. 2005

Illustrationen: Katrin Geigenmüller, Filderstadt
Gesamtherstellung: Ludwig Auer GmbH, Donauwörth
ISBN 3-403-0**4461**-0

Inhalt

1. Vorwort für angehende Wiesentier-Forscher

Liebe Wiesentier-Forscher!

Kapitel 3: Gebrauchsanweisung

Bevor ihr auf die Wiese geht, dort Tiere sammelt, diese beobachtet und herausfinden wollt, was da so alles „kreucht und fleucht", solltet ihr auf alle Fälle das Kapitel 3 „Wie arbeite ich mit dem Buch?" lesen. Dieses Kapitel ist nämlich die Gebrauchsanweisung für dieses Buch. Ihr findet darin alle Informationen über Sammelgeräte und die erforderlichen Arbeitsschritte beim Bestimmen der Tiere.

Kapitel 5: Systematik

Aus den Steckbriefen der Tiere erfahrt ihr, dass es im Tierreich Klassen, Ordnungen, Familien und Arten gibt. Was es damit auf sich hat, könnt ihr im Kapitel 5 „Kleine zoologische Systematik für Nichtbiologen" nachlesen. Dieses Kapitel braucht ihr nicht sofort zu lesen. Im Lauf der Zeit wird euer Interesse dafür sicherlich geweckt werden; dann ist es Zeit, sich mit dem Kapitel auseinander zu setzen. Wer es gleich lesen will, darf das natürlich sofort tun.

Kapitel 6: Weiterführende Literatur

Wenn ihr intensiv mit diesem Buch arbeitet und viele der beschriebenen Wiesentiere kennen gelernt habt, wollt ihr vermutlich mehr über die Tiere wissen. Und irgendwann gebt ihr euch mit der Information „Das ist ein Laufkäfer" oder „Das ist eine Wolfspinne" nicht mehr zufrieden und ihr wollt mehr wissen! Dann seid ihr dabei, einen neuen, höheren Level zu erreichen und benötigt speziellere Bücher. Eine Auflistung solcher Bücher findet ihr im Kapitel 6 „Literaturverzeichnis".

Wenn ihr diesen Level erreicht habt und mein Buch nicht mehr benötigt, bin ich nicht traurig. Im Gegenteil, dann hat mein Buch seinen Zweck erfüllt und euch zu einem höheren Wissensstand verholfen – und das war genau meine Absicht!

Ich wünsche euch viel Spaß bei euren Wiesenexkursionen und beim Bestimmen!

Euer Franz Renner

2. Vorwort für Lehrer, Eltern und andere Interessierte

Liebe Lehrer, Eltern und andere Interessierte!

Schüler ordnen anders!

Schüler und auch erwachsene Nichtbiologen verwenden beim Ordnen von Lebewesen ganz andere Kriterien als Biologen. Letztere setzen viel zu selbstverständlich die ihnen vertrauten morphologisch-taxonomischen Merkmale voraus.

Schüler orientieren sich beim Ordnen und Bestimmen von Tieren primär an Lebensraum und Fortbewegung sowie weiteren anschaulichen Merkmalen wie beispielsweise der Zahl der Beine. Die im Biologieunterricht erlernten systematisch-taxonomischen Kriterien ersetzen die primäre Orientierung (Lebensraum, Fortbewegung, Zahl der Beine, Flügel usw.) dabei nicht, sondern ergänzen diese nur, wie die Arbeit von *Fischbeck & Sander*[1] zeigt.

Bestimmen mit einfachen Merkmalen

Mit genau solchen einfachen Merkmalen versucht die Bestimmungshilfe ***Was krabbelt auf der Wiese?***, die wichtigsten Tiere, die auf Wiesen gefunden werden können, zu bestimmen. Es steht somit **vor** Naturführern oder Bestimmungsbüchern wie dem *Kosmos Insektenführer* oder *Pareys Insektenführer* und anderen. Diese enthalten zur Bestimmung oft dichotome Bestimmungsschlüssel, die wegen ihrer Komplexität und dem fehlenden Wissen unerfahrene Nichtbiologen meist schnell überfordern. Weiterhin enthält der Bildteil „zu viele" Alternativen. Schlüssel und Abbildungen sind dem Fortgeschrittenen dienlich, um die Art zu ermitteln, aber der Anfänger sieht vor lauter Bäumen den Wald nicht mehr. Bei einem gefundenen Käfer will ein Kind, ein Schüler oder ein interessierter Laie zunächst nur „schnell" wissen, ob es sich um einen Laufkäfer, einen Weichkäfer oder einen Schnellkäfer handelt.

Ziel der vorliegenden Bestimmungshilfe ist deshalb, keine Bestimmung bis zur Art durchzuführen, sondern bis zu einer leicht zu erkennenden taxonomischen Einheit, meist Familie oder Ordnung. Damit ist der Wissensdurst zunächst befriedigt. Die exakte Art, das heißt beispielweise um welche der 547[2] in Deutschland vorkommenden Laufkäfer-Arten es sich handelt, ist zunächst von untergeordneter Bedeutung. Zumal sich

---

1 Fischbeck, M. & Sander, E. (1996): Von Systematik keine Spur: Wie Schüler Tiere ordnen. UB, 218: 50–52, Seelze.

2 Alle Angaben von Artenzahlen sind entnommen aus: Völkl, W. & Blick, T. (2004): Die quantitative Erfassung der rezenten Fauna von Deutschland. BfN-Skripten, 117, Bonn.

viele Arten nur von Spezialisten mit entsprechender Erfahrung bestimmen lassen und das zum Teil erst nach aufwändigen Präparationen. Wenn im Lauf der Zeit die wichtigsten Gruppen sicher erkannt werden, stellt sich irgendwann von allein die Frage, um was für eine Laufkäfer-Gattung oder -Art es sich handelt. Dann sind weiterführende Bestimmungsbücher (vgl. Kapitel 6) hilfreich und angebracht.

Ziel: Artenkenntnis

Bei vielen Wiesenexkursionen und Bestimmungsübungen mit Schülern und Studenten habe ich mit ***Was krabbelt auf der Wiese?*** sehr gute Erfahrungen gemacht. Die selbstständige, erfolgreiche Bestimmung ist Motivation für weitere Bestimmungen und Beschäftigung mit den Kriech- und Krabbeltieren. Die Bestimmungshilfe soll den Einstieg in das Bestimmen und das Vermitteln von Artenkenntnis erleichtern.

Zum Einstieg eine bewährte Auswahl!

Bei den ausgewählten Beispielen handelt es sich um Arten, die ich im Lauf der Jahre auf meinen Wiesenexkursionen gefunden und protokolliert habe. Die Auswahl erhebt keinen Anspruch auf Vollständigkeit, dennoch hoffe ich, dass das Spektrum der häufigsten Wiesentiere abgedeckt ist. Ergänzungen sind jederzeit willkommen.

3. Gebrauchsanweisung: Wie arbeite ich mit diesem Buch?

Bevor du auf deine erste Wiesenexkursion gehst, solltest du dieses Kapitel lesen.

Erst lesen, dann auf die Wiese!

Mit dieser Bestimmungskartei lassen sich Wiesentiere sowohl direkt auf der Wiese als auch zu Hause oder in der Schule bestimmen. Die Arbeitsvorgänge zum Sammeln, Beobachten, Bestimmen und Dokumentieren sind immer die gleichen. Du solltest aber beim Fangen und weiteren Bearbeiten langsam und systematisch vorgehen. Deshalb sind hier die notwendigen Arbeitsschritte ausführlich beschrieben.

A Das Sammeln von Wiesentieren

Bei der Untersuchung von Wiesentieren direkt auf der Wiese haben sich Becherlupen als universelles Sammelgerät und praktischer Transport- und Beobachtungsbehälter erwiesen. Becherlupen sind in jedem guten Spielwarengeschäft erhältlich. Einfache Becherlupen kosten etwa 4 Euro (Bezug über VLS Verlag für Lehrmittel und pädagogische Spielwaren, Donauwörth).

Beobachtungsgefäß: Becherlupe

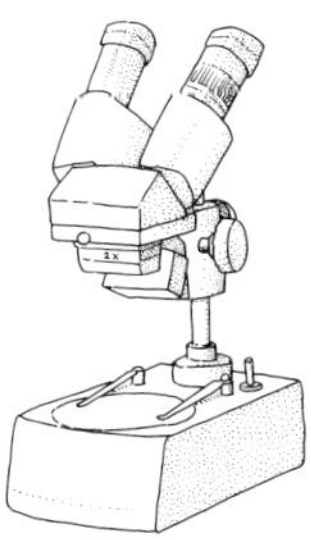

Stereolupe

Wollt ihr die gesammelten Tiere in der Schule oder zu Hause beobachten, reicht ein Filmdöschen als Sammel- und Transportgefäß aus. Filmdöschen haben sich bei meinen Wiesenexkursionen bewährt – außerdem haben sie den großen *Vorteil*, dass man sie oft umsonst in Fotogeschäften erhält oder sowieso zu Hause hat. Zum Beobachten müssen die Tiere dann in die Becherlupe umgesetzt werden. Untersucht ihr euren Wiesenkrabbler mit einer Stereolupe, benötigt ihr ein flaches Glasschälchen mit Deckel.

Transportgefäß: Filmdöschen

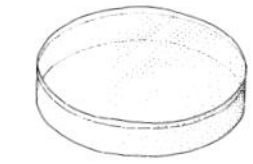

Glasschälchen

Falls du dein Tier direkt auf der Wiese bestimmen willst, solltest du außer der Becherlupe auch noch dieses Bestimmungsbuch, einige Kopien des Arbeitsblattes (siehe Seite 95), Bleistift, Farbstifte und eine stabile Schreibunterlage (Klemmbrett) mitnehmen. Die Bestimmung auf der Wiese hat den *Vorteil*, dass du dein Tier direkt an Ort und Stelle wieder freilassen und danach ein anderes zum Bestimmen fangen kannst. Der *Nachteil* ist, dass du alles, was du benötigst, mit auf die Wiese nehmen musst.

Was du sonst noch brauchst

Bearbeitung auf der Wiese oder in der Schule?

Wenn du Wiesentiere zu Hause bestimmen willst, benötigst du mehrere Sammelgefäße. Der *Vorteil* ist, dass du zu Hause an deinem Schreibtisch ungestörter arbeiten kannst und alle Sachen, die du zum Schreiben und Zeichnen benötigst, bereitliegen. Vielleicht hast du auch eine Stereolupe zur Verfügung. Der *Nachteil* ist, dass du alle Tiere nach der Bestimmung wieder an die Stelle zurückbringen musst, an der du sie gefangen hast. Falls die ganze Klasse auf Wiesensafari geht, empfehle ich, die gesammelten Tiere im Klassenzimmer zu bestimmen und sie hinterher gemeinsam freizulassen. Das hat sich bei meinen Wiesenexkursionen mit Schulklassen bewährt.

Fanggerät: Hand

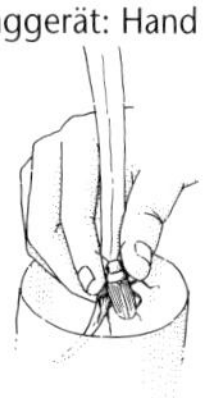

Außer Becherlupe oder Filmdöschen benötigt ihr zum Sammeln keine weiteren Gerätschaften. Viele Tiere lassen sich einfach mit der Hand auflesen. Dabei ist allerdings Vorsicht geboten, damit der kleine Krabbler nicht mit den Fingern zerquetscht wird. Manche Tiere können vorsichtig in das Gefäß gestreift werden.

Vorher um Erlaubnis fragen!

Viele Tiere lassen sich am Wiesenrand direkt vom Weg aus fangen. Falls du allein auf Wiesenexpedition gehst, hat niemand etwas dagegen, wenn du vorsichtig ein paar Schritte in die Wiese gehst. Falls die ganze Klasse auf Wiesenpirsch geht, solltet ihr vorher den Wiesenbesitzer um Erlaubnis fragen! Auf der Schulwiese ist das kein Problem. In **Naturschutzgebieten** ist das Fangen von Tieren grundsätzlich nicht erlaubt. Hier ist eine spezielle Genehmigung notwendig.

Egal, ob mit Becherlupe oder Filmdöschen, folgende **Regeln** solltet ihr immer einhalten:

Regeln zum Fangen von Wiesentieren

1. Das gesammelte Tier muss im Sammelgefäß bequem Platz haben!
2. Pro Gefäß darf nur ein Tier gesammelt werden (Stressvermeidung → gefressen werden)!
3. Nicht gesammelt werden dürfen Schmetterlinge, Libellen und kleine Wirbeltiere (z. B. Frösche, Kröten, Eidechsen)!
4. Wir achten auf vorsichtigen Umgang mit den Tieren!
   - ➤ Wir schütteln das Gefäß nicht unnötig.
   - ➤ Wir setzen das Gefäß auf keinen Fall der prallen Sonne aus!
   - ➤ Nehmen wir das Tier mit in die Schule oder nach Hause, verstauen wir das Gefäß am besten im Rucksack oder in der Jacken-/Hosentasche.
5. Nach der Bestimmung lassen wir die Tiere wieder an der Stelle frei, an der wir sie gefangen haben.

B Beobachten und Bestimmen von Wiesentieren – Arbeitsblatt „Mein Tier"

Arbeitsblatt

Bevor du dein Tier bestimmen kannst, musst du es beobachten und dabei Merkmale feststellen, die du zur Bestimmung benötigst. Dazu dient das Arbeitsblatt „Mein Tier" (siehe Seite 95). Darauf werden die Bestimmungsmerkmale abgefragt.

1. Schritt: 1. Frage: Wie viele Beine hat dein Tier?

1. Merkmal: Anzahl der Beine

Das ist die erste Frage auf dem Arbeitsblatt. Sie ist deshalb wichtig, weil die Zahl der Beine uns in den meisten Fällen schon verrät, in welche Klasse unser Tier gehört. Alle Tiere mit 3 Paar Beinen sind Insekten. Tiere mit 4 Paar Beinen sind Spinnentiere. 7 Beinpaare besitzen die Asseln. Mehr als 7 Beinpaare besitzen die Tausendfüßer. Nur bei den „Null-Beinern" verrät uns das Merkmal „Anzahl der Beine" nicht, in welche Klasse sie gehören.

Merkhilfe: Zahl der Beine und systematische Zuordnung				
Zahl der Beine	3 Paar Beine	4 Paar Beine	7 Paar Beine	mehr als 9 Paar Beine
Klasse	Insekten	Spinnentiere	Asseln	Tausendfüßer
Abbildung	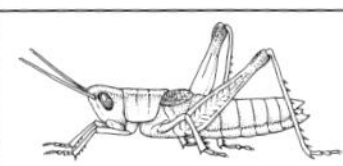 Kurzfühler-schrecke	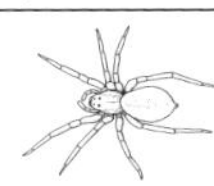 Wolfspinne	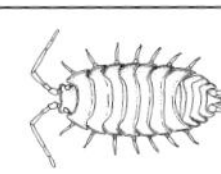 Assel	 Erdläufer

Der Vollständigkeit halber soll hier noch ergänzt werden, dass alle Wirbeltiere 2 Paar Extremitäten besitzen. *Extremitäten* ist der übergeordnete Fachausdruck für Arme, Beine oder Flossen. Wissenschaftlich ausgedrückt sind Extremitäten paarige Körperanhänge, die der Fortbewegung dienen. Aber auf die Wirbeltiere brauchen wir hier nicht weiter eingehen, da wir sie nicht fangen wollen.

Bei den „6-" oder „8-Beinern" ist das Zählen der Beine noch einfach, aber bei einem Tausendfüßer wird es schon schwierig. Glücklicherweise brauchen wir bei den Tausendfüßern nicht alle Beine zählen. Es reicht schon aus, dass wir feststellen, ob das untersuchte Tier entweder 0 Beine, 6 Beine, 8 Beine oder mehr als 8 Beine hat. Nur in seltenen Fällen müssen wir bei „Mehr-als-8-Beinern" überprüfen, ob das Tier höchstens 15 Paar Beine oder über 20 Paar Beine hat.

➤ Also beobachten, die Beine zählen und die Anzahl auf dem Arbeitsblatt eintragen!

Wenn wir die Zahl der Beine auf dem Arbeitsblatt eingetragen haben, können wir uns der zweiten Frage zuwenden.

2. Schritt: 2. Frage: Wie viele häutige Flügel siehst du bei deinem Tier?

2. Merkmal: Anzahl der häutigen Flügel

Diese Frage hat eigentlich nur Bedeutung, wenn wir einen „6-Beiner“ gefunden haben. Alle Insekten besitzen im Bau ihres Körpers gemeinsame Merkmale. Diese gemeinsamen Merkmale nennt man *Grundplan* oder *Grundplanmerkmale*. Ein Grundplanmerkmal der Insekten ist: Alle besitzen 3 Paar Beine. Ein anderes Grundplanmerkmal ist: Alle Insekten besitzen 2 Paar Flügel.

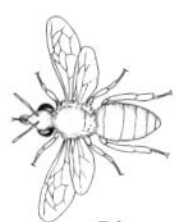

Biene

Hummel

Wespe

Die Flügel der Insekten können allerdings sehr unterschiedlich ausgebildet sein. Manche besitzen typischerweise 4 dünne und meist auch durchsichtige Flügel. Das ist z. B. bei Libellen, Bienen, Hummeln und Wespen so. Die letzten drei werden, weil sie dünne, häutige Flügel besitzen, als Ordnung *Hautflügler* bezeichnet.

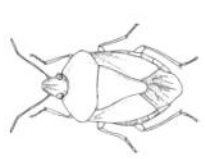

Wanze

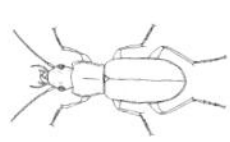

Käfer

Bei anderen Insekten ist das erste Flügelpaar nicht häutig, sondern teilweise lederartig verstärkt (wie bei den Wanzen) oder sehr stark gepanzert (wie bei den Käfern). Diese umgebildeten Flügen dienen als Schutz für die empfindlichen häutigen Flügel, die sich darunter befinden. Solche Schutzflügel werden als „Flügeldecken“ bezeichnet. Bei Insekten, die solche Flügeldecken besitzen, sehen wir die häutigen Flügel meist nicht oder nicht vollständig.

Fliege

Ameise

Andere Insekten haben im Lauf der Evolution das hintere Flügelpaar verloren. Sie besitzen nur noch zwei Flügel und werden in der Ordnung der *Zweiflügler* zusammengefasst. Dazu gehören z. B. die Fliegen. Schließlich gibt es noch Insekten, die ihre Flügel in bestimmten Entwicklungsstadien verlieren und deshalb keine Flügel mehr besitzen. Als Beispiel sollen hier die Ameisen genannt werden.

Auf die Frage *Wie viele häutige Flügel siehst du bei deinem Tier?* gibt es also vier mögliche Antworten.

1. Hat dein Tier keine Flügel, lautet die Antwort „0“.
2. Du siehst keine häutigen Flügel, weil sie unter Flügeldecken verborgen sind.
   Dann lautet die Antwort entweder „keine häutigen Flügel“ oder „häutige Flügel nicht sichtbar“.
3. Dein Tier hat 4 häutige Flügel. Antwort: „4 Flügel“.
4. Dein Tier hat 2 häutige Flügel. Antwort: „2 Flügel“.

➤ Also beobachten, häutige Flügel zählen und deren Anzahl auf dem Arbeitsblatt eintragen!

Wenn wir die Zahl der häutigen Flügel auf dem Arbeitsblatt eingetragen haben, können wir uns der dritten Frage zuwenden.

3. Schritt: 3. Frage: Was fällt dir an deinem Tier besonders auf?

Viele Tiere besitzen auffällige Merkmale, an denen wir sie sofort erkennen. Manche Insekten haben kräftige Sprungbeine, andere besitzen sehr lange Fühler oder große Augen oder große auffällige Mundwerkzeuge oder sie sind auffällig gefärbt oder …

Besondere Merkmale

➤ Trage also auf deinem Arbeitsblatt ein, was dir an deinem Tier besonders auffällt!

4. Schritt: Zeichne dein Tier genau ab!

Versuche dein Tier möglichst genau zu zeichnen! Durch das Beobachten und Zeichnen lernst du es besser kennen und kannst dich später leichter erinnern, wenn du bei deiner nächsten Wiesenexkursion wieder ein solches Tier findest.

Zeichne dein Tier!

➤ Zeichne nun dein Tier in den Rahmen auf dem Arbeitsblatt!

5. Schritt: Ich nenne es …

Nenne dein Tier bitte nicht Fritz, Franz oder Friederike und gib ihm auch nicht den Namen deines Lieblingsfußballspielers oder Lieblingsstars. Erfinde für dein Tier einen Namen, der irgendwelche Eigenschaften oder Merkmale beschreibt! Die Wissenschaftler machen das genauso. Die wissenschaftlichen Namen vieler Tiere beschreiben oft bestimmte Eigenschaften oder Merkmale. Der wissenschaftliche Name des Siebenpunkt-Marienkäfers lautet „Coccinella septempunctata“. Das bedeutet frei übersetzt ungefähr „Einer roten Beere ähnlich und mit sieben Punkten“.

Gib deinem Tier einen Namen!

➤ Also bitte einen Namen erfinden, der dein Tier beschreibt, und in das Arbeitsblatt eintragen!

6. Schritt: Bestimmen

Nachdem du alle Fragen beantwortet und das Tier gezeichnet hast, kannst du dich an die Bestimmung wagen. Im Bestimmungsteil (Steckbriefe ab Seite 16) sind die Wiesentiere nach der Zahl ihrer Beine geordnet: Zuerst kommen die „Null-Beiner“ (ab Seite 16), gefolgt von den „6-Beinern“ (ab Seite 24), „8-Beinern“ (ab Seite 68) und „Mehr-als-8-Beinern“ (ab Seite 78) . Innerhalb der Insekten sind sie nach der Anzahl der Flügel aufgelistet: Zuerst jene „ohne Flügel oder häutige Flügel nicht sichtbar“ (ab Seite 24), dann die mit „2 häutigen Flügeln“ (ab Seite 50) und schließlich die Insekten mit „4 häutigen Flügeln“ (ab Seite 58).

Gesucht wird …

Innerhalb einer Abteilung vergleichst du dein Tier mit den Abbildungen der einzelnen Tiere, bis du dein Tier gefunden hast. Auf den Steckbriefen kommen Tiere, die sich ähnlich sehen und deshalb oft miteinander verwechselt werden, hintereinander. Deshalb solltest du, wenn du glaubst, dein Tier gefunden zu haben, auch noch die nächsten paar Seiten anschauen, bist du dir sicher bist. Wenn du dann noch die Merkmale an deinem Tier entdecken kannst, welche unter „Besondere Merkmale" genannt sind, dann hast du dein Tier richtig bestimmt. Oft sind die besonderen Merkmale genau jene, welche du bei „Was fällt dir an deinem Tier besonders auf?" notiert hast.

Beispiel für eine Bestimmung: Gesucht wird der „Schwarze Zangenträger"!

Gesucht wird der „Schwarze Zangenträger"; Merkmale: 6 Beine, keine häutigen Flügel sichtbar und große Kieferzangen

Wir wollen gemeinsam ein Tier bestimmen. Du hast in deiner Becherlupe ein Tier mit 6 Beinen. Häutige Flügel kannst du nirgends entdecken und beim Zeichnen fallen dir die großen Kieferzangen auf. Deshalb nennst du dein Tier „Schwarzer Zangenträger". Zur Bestimmung suchst du im Bestimmungsteil die Abteilung der 6-Beiner. Da du keine häutigen Flügel entdecken konntest, gehst du bei „ohne Flügel oder häutige Flügel nicht sichtbar" weiter. Hier blätterst du so lange, bis du dein Tier findest.

Wenn die folgenden „besonderen Merkmale"

- Körper länglich
- kräftige Kieferzangen
- Halsschild am Vorderrand mit Ecken
- Flügeldecken mit Längsrippen oder kleinen Dellen

zutreffen, handelt sich es bei deinem Wiesentier um einen Laufkäfer! Schon ist dein erstes Wiesentier bestimmt!

Gratulation!

Nun kannst du die weiteren Angaben (Ernährungsweise, Einordnung in das System) auf dem Arbeitsblatt ergänzen. Die dazu notwendigen Informationen findest du auf dem jeweiligen Steckbrief.

Warum es auch doppelte Steckbriefe gibt

Warum sind manche Tiere doppelt vertreten?

Manche Insekten besitzen als Jungtiere keine oder nur sehr kleine Flügel. Sie sehen aber ansonsten den ausgewachsenen Tieren, die Flügel besitzen, sehr ähnlich. Das ist beispielsweise bei den Heuschrecken der Fall. Deshalb sind die Heuschrecken im Bestimmungsteil in der Kategorie „ohne Flügel" und in der Kategorie „4 Flügel" aufgeführt.
Bei den Raupen der Schmetterlinge lassen sich zwei verschiedene Beintypen unterscheiden. Sie besitzen 3 Paar Brustfüße, die aus verschiedenen Beingliedern bestehen, und mehr als 5 Paar ungegliederte Bauchfüße. Streng wissenschaftlich genommen sind nur die Brustfüße „echte Füße". Da wir es aber nicht so streng wissenschaftlich nehmen wollen, sind die

Raupen der Schmetterlinge und der Blattwespen sowohl in der Abteilung „6 Beine" als auch in der Abteilung „mehr als 8 Beine" eingeordnet.

Wenn du ein Tier nicht zuordnen kannst

Hilfe! Ich finde mein Tier nicht!

Falls du mal ein Tier nicht eindeutig zuordnen kannst, landest du am Schluss jeder Abteilung auf einem Steckbrief mit der Überschrift. „Wenn ich … habe und du mich bisher noch nicht zuordnen konntest, dann bin ich …" Dieser Steckbrief verrät dir dann zumindest, in welche Klasse dein Tier gehört. Falls du bei deinem Bestimmungsversuch hier ankommst, kann das verschiedene Ursachen haben. Manche Merkmale sind nicht leicht zu erkennen und am Anfang ist die Verwechslungsgefahr sehr groß. Aber mit zunehmender Erfahrung wird dein Blick geschult und das Bestimmen fällt dir leichter. Bei den Steckbriefen handelt es sich um eine Auswahl von häufigen Wiesentieren, welche ich bei meinen Wiesentier-Sammelaktionen gefunden habe. Bei der großen Anzahl der Tiere, die bei uns leben, kann es schon einmal vorkommen, dass man einen Vertreter einer Ordnung oder einer Familie erwischt hat, der nicht im Buch berücksichtigt ist. Vielleicht hat sich auch ein Insekt, das sonst nur im Wald vorkommt, auf die Wiese verirrt. Auch das passiert gelegentlich! Also, wenn du mal ein Tier nicht bestimmen kannst, lass dich nicht entmutigen. Schenke dem unbekannten Wiesentier (= UWT) die Freiheit und suche dir einen neuen Wiesenkrabbler. Sicher kannst du das nächste Mal, wenn du ein Insekt nicht bestimmen kannst, einige Familien, die du schon kennen gelernt hast, ausschließen. Mit diesem Wissen findest du dann das UWT vielleicht in einem weiterführenden Bestimmungsbuch (siehe Literaturverzeichnis im Kapitel 6 ab Seite 93).

7. Schritt: Dokumentation

Was habe ich schon alles bestimmt?

Wenn du dein Arbeitsblatt bearbeitet hast und dein Tier bestimmt ist, wäre es schade, das ausgefüllte Blatt einfach wegzuwerfen. Deshalb empfehle ich dir, die Arbeitsblätter aufzubewahren. Dazu eignen sich ein Ringbuch oder ein Ordner, in die du deine Blätter einheften kannst. Mit Trennblättern kannst du sie wie im Bestimmungsbuch nach der Zahl der Beine einordnen. Im Lauf der Zeit erhältst du dann eine Sammlung deiner Wiesentiere. Das hat den Vorteil, dass du immer wieder mal nachschauen kannst, welche Tiere du schon kennen gelernt hast. Du kannst dann auf der nächsten Wiesensafari nach Tieren Ausschau halten, die du bisher noch nicht gefunden hast.

Wenn du eine Sammlung anlegst, ist es wichtig aufzuschreiben, **wann** und **wo** du ein Tier gefunden hast. Auch das Wetter ist wichtig. Bei regnerischem Wetter findet man andere Tiere als bei sonnigem Wetter. Fülle deshalb stets auf deinem Arbeitsblatt die Angaben zu Datum, Fundort und Wetter aus.

➤ Ein Beispiel für ein ausgefülltes Arbeitsblatt findest du hier:

Mein Tier

Beobachte dein Tier und beantworte die Fragen!

- Wie viele Beine hat dein Tier? *6 Beine*
- Wie viele häutige Flügel siehst du bei deinem Tier? *keine*
- Was fällt dir an deinem Tier besonders auf?
  Es hat große Zangen.

Zeichne dein Tier genau ab!

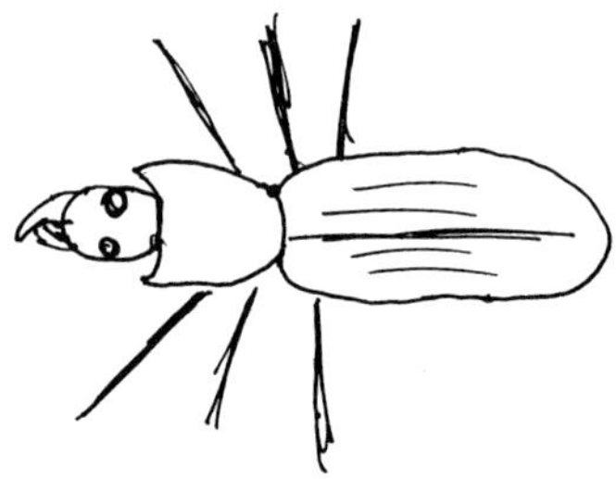

Ich nenne es *Schwarzer Zangenträger* !

Sein Name ist *Laufkäfer*.

Es ernährt sich von *Tieren*.

Einordnung in das System	
Klasse	*Insekten*
Ordnung	*Käfer*
Familie	*Laufkäfer*

Ich habe es am *26. September 2005* gefunden.

Genauer Fundort: *Wiese am Rand des Wurzacher Riedes, Bad Wurzach*

Das Wetter war: ○ sonnig ○ teils bewölkt ○ bewölkt ☒ Regen

4. Bestimmungsteil mit Steckbriefen: Jedes Tier in Bild und Wort

Wie du mit den Steckbriefen arbeitest und deine gefundenen Tiere bestimmst, habe ich schon im Kapitel 3 „Gebrauchsanweisung" beschrieben.

Diese Übersicht hilft dir, dein Tier schneller zu finden:

Tiere ohne Beine	ab Seite 16
Tiere mit 6 Beinen	ab Seite 24
➤ ohne Flügel oder häutige Flügel nicht sichtbar	ab Seite 24
➤ mit 2 häutigen Flügeln	ab Seite 50
➤ mit 4 häutigen Flügeln	ab Seite 58
Tiere mit 8 Beinen	ab Seite 68
Tiere mit mehr als 8 Beinen	ab Seite 78

Wenn du die Steckbriefe genauer anschaust, wirst du feststellen, dass sie keine Angaben über die Größe und die Färbung der Tiere enthalten. Darüber wirst du dich vielleicht wundern, aber das hat einen guten Grund. Denn Größe und Färbung sind für die Bestimmung nur in wenigen Fällen wichtig. Viel wichtiger ist die Körperform. Deshalb sind die Zeichnungen auch nicht farbig, sondern schwarz-weiß. Wenn die Färbung wichtig ist, ist das auf dem Steckbrief vermerkt.

Warum sind die Tier-Zeichnungen auf den Steckbriefen schwarz-weiß?

Ein Beispiel soll das Gesagte verdeutlichen: In Deutschland kommen 547 Laufkäfer-Arten vor. Der Lederlaufkäfer kann bis zu 4 cm groß werden. Er ist damit 10-mal größer als die kleinsten Laufkäfer-Arten. Genauso unterschiedlich sind die Laufkäfer auch gefärbt. Von schwarz über metallisch-grün-glänzend bis zu blauen, rötlichen oder gelblichen Farbtönen ist alles vertreten. Aber: Sie haben alle die gleiche Körperform und die kräftigen Kieferzangen. Daran können wir sie als Laufkäfer erkennen.

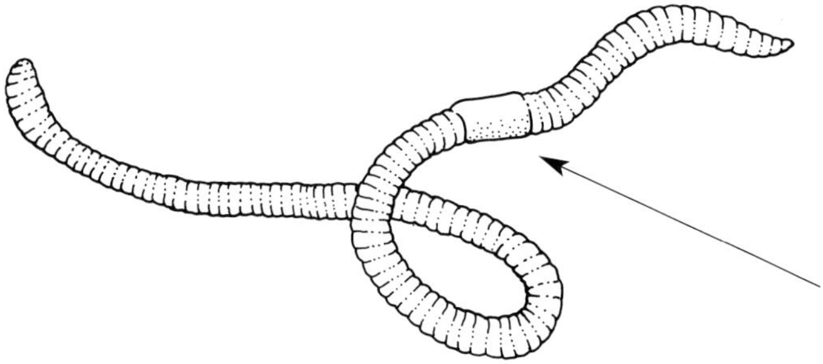

Mein Name ist: **Regenwurm**

Besondere Merkmale: **Körper deutlich geringelt, im vorderen Körperdrittel mit einem „breiten Gürtel"** (→)

Ich ernähre mich von: **abgestorbenen Pflanzen und tierischen Stoffen**

Einordnung in das System	
Klasse	**Gürtelwürmer**
Ordnung	**Wenigborstenwürmer**
Familie	**Regenwürmer**

In Deutschland kommen 36 verschiedene Regenwurm-Arten vor.

Regenwürmer graben tiefe Gänge in die Erde, wobei sie feuchte Erde beiseite drängen und trockene Erde fressen. Ihren Kot setzen sie oft an der Öffnung der Röhre in Form von kleinen Häufchen oder Türmchen ab. In der Nacht kommen sie aus ihren Röhren und suchen Blätter, die sie in die Röhre ziehen und dort fressen.

Bei Regen kommen Regenwürmer aus ihren Röhren heraus, weil sie sonst darin ertrinken würden. Deswegen finden wir sie bei Regenwetter häufiger als bei trockenem Wetter.

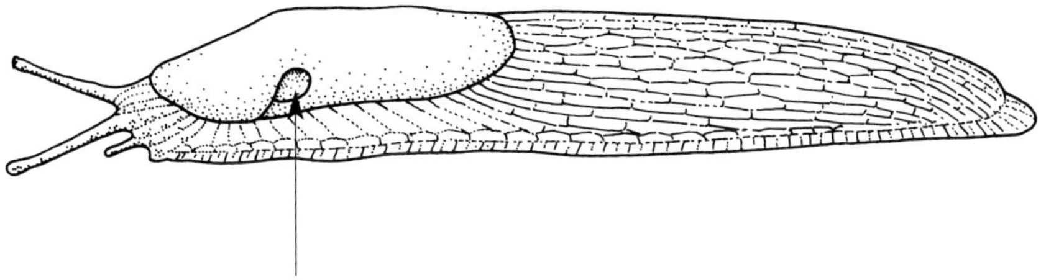

Mein Name ist: **Wegschnecke**

Besondere Merkmale: **Atemöffnung im vorderen Teil des Mantels** (→)

Ich ernähre mich von: **lebenden und toten Pflanzen, Pilzen und Aas**

Einordnung in das System	
Klasse	**Schnecken**
Ordnung	**Landlungenschnecken**
Familie	**Wegschnecken**

In Deutschland kommen 12 Wegschnecken-Arten vor.

Nicht alle Schnecken besitzen ein Schneckenhaus. Bei einigen Schnecken ist das Haus bis auf einen kleinen, meist nicht sichtbaren Rest reduziert. Sie werden deshalb Nacktschnecken genannt.

Eine häufige Wegschnecke ist die Große Wegschnecke. Sie kann bis zu 20 cm lang werden und ist meistens orange-rot gefärbt. Die Färbung ist aber sehr variabel. Es kommen auch schwarz, grau oder braun gefärbte Tiere vor. Wir finden Wegschnecken fast überall, auch im heimischen Garten. Hier sind sie der Schrecken aller Gärtner, da Wegschnecken sowohl im Gemüse- als auch im Blumenbeet fast alles fressen, was ihnen vor die Mundöffnung kommt.

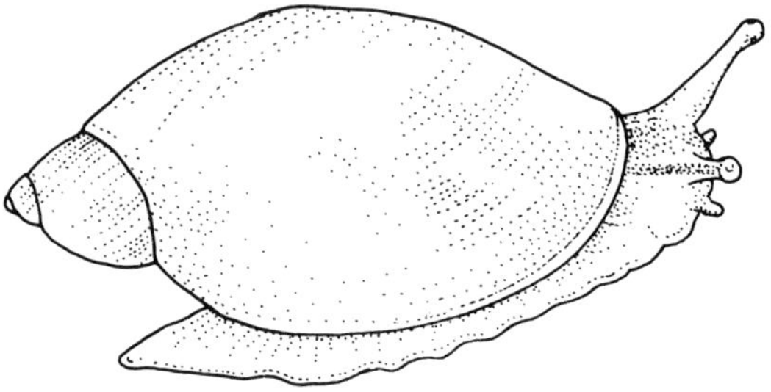

Mein Name ist: **Bernsteinschnecke**

Besondere Merkmale: **Haus langoval und zugespitzt, bernsteinfarben**

Ich ernähre mich von: **Pflanzen**

Einordnung in das System	
Klasse	**Schnecken**
Ordnung	**Landlungenschnecken**
Familie	**Bernsteinschnecken**

In Deutschland kommen 5 Bernsteinschnecken-Arten vor.

Bernsteinschnecken besitzen ein zartes, dünnwandiges Haus. Deshalb scheinen ihre inneren Organe durch. Sie besiedeln eher feuchte Lebensräume. Bernsteinschnecken können zwei bis drei Jahre alt werden. Zum Überwintern verkriechen sie sich am Boden zwischen Pflanzenresten und verschließen ihr Haus mit einem dünnen Deckel.

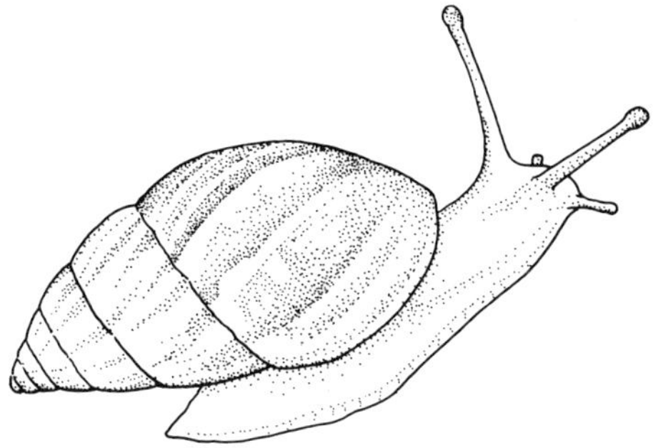

Mein Name ist: **Große Turmschnecke**

Besondere Merkmale: **Haus höher als breit,
weiß bis gelblichweiß gefärbt,
manchmal mit bräunlichen Längsstreifen**

Ich ernähre mich von: **abgestorbenen Pflanzen**

Einordnung in das System	
Klasse	**Schnecken**
Ordnung	**Landlungenschnecken**
Familie	**Turmschnecken**

In Deutschland kommen 5 Turmschnecken-Arten vor.

Das Haus der Großen Turmschnecke ist etwa 2 cm lang. Damit ist sie die größte bei uns vorkommende Art aus der Familie der Turmschnecken und deshalb leicht zu erkennen. Wir finden sie hauptsächlich auf sehr trockenen Wiesen.

Bei langer Trockenheit kriecht die Große Turmschnecke an Pflanzen hinauf, heftet sich an höheren Pflanzenteilen an und verfällt in einen Trockenschlaf.

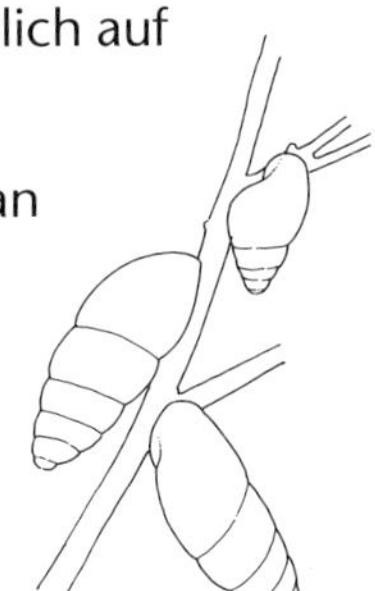

Mein Name ist: **Gefleckte Schnirkelschnecke**

Besondere Merkmale: **Haus glänzend dunkelbraun mit hellen Flecken, meist mit einem dunklen Streifen, Öffnung rundlich**

Ich ernähre mich von: **Pflanzen, Aas und Kot**

Einordnung in das System	
Klasse	**Schnecken**
Ordnung	**Landlungenschnecken**
Familie	**Schnirkelschnecken**

In Deutschland kommen 13 Schnirkelschnecken-Arten vor.

Die Gefleckte Schnirkelschnecke ist eine leicht zu erkennende Art aus der Familie der Schnirkelschnecken. Die Gefleckte Schnirkelschnecke kommt in vielen Lebensräumen vor. Bei Trockenheit klettert sie an größeren Pflanzen hinauf und versteckt sich unter den Blättern.

Mein Name ist: **Bänderschnecke**

Besondere Merkmale: **Haus gelblich bis rötlich, meist mit braunen Bändern, Öffnung deutlich oval**

Ich ernähre mich von: **Pflanzen**

Einordnung in das System	
Klasse	**Schnecken**
Ordnung	**Landlungenschnecken**
Familie	**Schnirkelschnecken**

In Deutschland kommen 13 Schnirkelschnecken-Arten vor.

Die Färbung der Gehäuse ist bei den Bänderschnecken sehr unterschiedlich. Sie reicht von gelb bis rötlich. Auch die Bänder können manchmal fehlen. Dennoch können wir auf den Wiesen zwei verschiedene Arten von Bänderschnecken unterscheiden. Dazu muss man die Gehäuseöffnung genauer anschauen. Hat die Öffnung innen einen braunen Rand, handelt es sich um die Schwarzmündige Bänderschnecke. Ist der Saum weißlich gefärbt, ist es die Weißmündige Bänderschnecke.

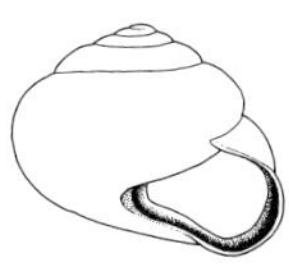

Lippe braun
Schwarzmündige Bänderschnecke

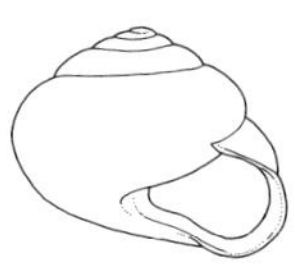

Lippe weiß
Weißmündige Bänderschnecke

Mein Name ist: **Weinbergschnecke**

Besondere Merkmale: **Haus rundlich bis kugelig, grau bis weißlich gefärbt, Oberfläche gerippt**

Ich ernähre mich von: **Pflanzen**

Einordnung in das System	
Klasse	**Schnecken**
Ordnung	**Landlungenschnecken**
Familie	**Schnirkelschnecken**

In Deutschland kommen 13 Schnirkelschnecken-Arten vor.

Die Weinbergschnecke ist die größte heimische Art aus der Familie der Schnirkelschnecken. Ihr Haus kann bis zu 5 cm hoch werden. Damit ist sie die größte landlebende Gehäuseschnecke in Deutschland. Wegen ihrer Größe hat sie schon früh das Interesse des Menschen geweckt. Bereits die Römer haben Weinbergschnecken gezüchtet und gegessen. Auch heute noch werden Weinbergschecken gezüchtet und stehen auf vielen Speisekarten. Weinbergschnecken können 5–8 Jahre alt werden.

Wenn ich

keine Beine

habe und du mich bisher noch nicht zuordnen konntest,

dann gibt es verschiedene Möglichkeiten,
was ich sein kann:

- Besitze ich eine **Kriechsohle und ein Gehäuse**, dann bin ich eine „Gehäuseschnecke" aus der **Ordnung der Landlungenschnecken**.
- Besitze ich eine **Kriechsohle und kein Gehäuse**, dann bin ich eine „Nacktschnecke" aus der **Ordnung der Landlungenschnecken**.
- Wenn ich **keine Kriechsohle** besitze und mein **Körper rund** ist und ich einen **Kopf** habe oder du zumindest ein **Vorderende** erkennen kannst, dann bin ich eine beinlose Larve und gehöre in die Klasse der Insekten.

➤ 6 Beine
➤ ohne Flügel
➤ oder häutige Flügel nicht sichtbar

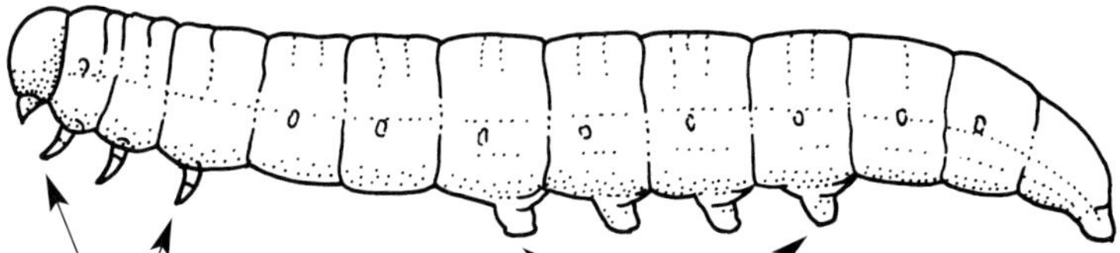

Mein Name ist: **Schmetterlingsraupe**

Besondere Merkmale: **Färbung sehr unterschiedlich, aber immer 3 Paar gegliederte Brustbeine und 4–5 Paar Bauchfüße**

Ich ernähre mich von: **Pflanzen**

Einordnung in das System	
Klasse	**Insekten**
Ordnung	**Schmetterlinge**

In Deutschland kommen 3602 Schmetterling-Arten vor.

Die Raupen der Schmetterlinge sind sehr unterschiedlich gefärbt und sehen auch sehr unterschiedlich aus. Sie besitzen jedoch immer 3 Paar Brustbeine und höchstens 5 Paar Bauchfüße.

➤ 6 Beine
➤ ohne Flügel
➤ oder häutige Flügel nicht sichtbar

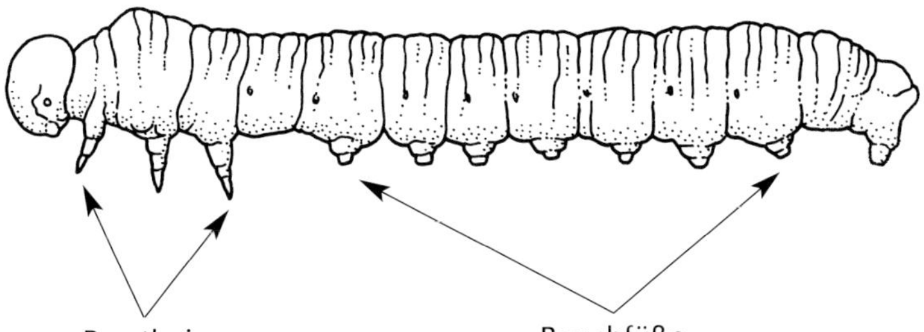

Mein Name ist: **Blattwespenlarve**

Besondere Merkmale: **Färbung sehr unterschiedlich, aber immer 3 Paar gegliederte Brustbeine und mehr als 5 Paar Bauchfüße**

Ich ernähre mich von: **Pflanzen**

Einordnung in das System	
Klasse	**Insekten**
Ordnung	**Hautflügler**
Familie	**Blattwespen**

In Deutschland kommen 541 Blattwespen-Arten vor.

Die Larven der Blattwespen sind sehr unterschiedlich gefärbt und sehen auch sehr unterschiedlich aus. Sie besitzen jedoch immer 3 Paar Brustbeine und mehr als 5 Paar Bauchfüße. Einige von ihnen können durch ihren Fraß an Nutzpflanzen großen Schaden anrichten.

6 Beine
ohne Flügel

- ➤ **6 Beine**
- ➤ **ohne Flügel**
- ➤ **oder häutige Flügel nicht sichtbar**

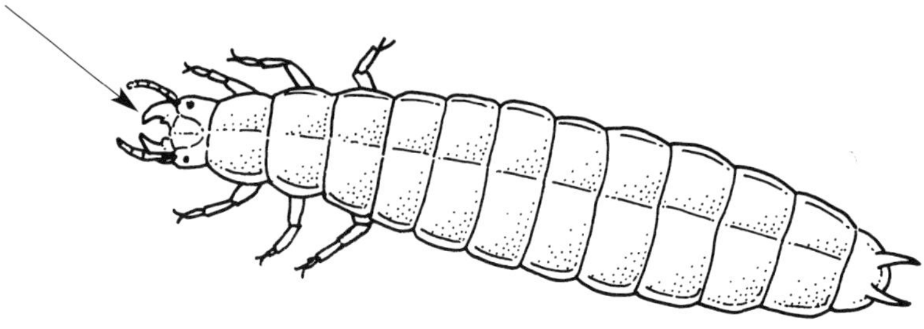

Mein Name ist: **Käferlarve**

Besondere Merkmale: **große Kieferzange** (→), **3 Paar kräftige Laufbeine**

Ich ernähre mich von: **Tieren und Pflanzen**

Einordnung in das System	
Klasse	**Insekten**
Ordnung	**Käfer**

Ein solcher Larventyp mit kräftigen Beinen und einer großen Kieferzange ist typisch für Laufkäfer, Kurzflügelkäfer und Marienkäfer. Die Larven dieser Käfer ähneln sich sehr stark und sind deswegen schwer zu unterscheiden. Sie ernähren sich meist von anderen Tieren, einige sind aber auch Pflanzen- oder Allesfresser.

- 6 Beine
- ohne Flügel
- oder häutige Flügel nicht sichtbar

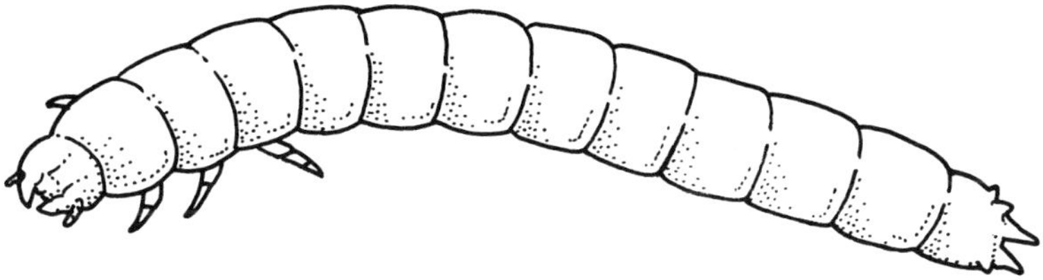

6 Beine
ohne Flügel

Mein Name ist: **Käferlarve**

Besondere Merkmale: **kurze Beine, lang und dünn, wurmartig**

Ich ernähre mich von: **Pflanzen und Tieren**

Einordnung in das System	
Klasse	**Insekten**
Ordnung	**Käfer**

Ein solcher wurmartiger Larventyp mit kurzen Beinen ist typisch für Schnellkäfer, Blattkäfer und Mehlkäfer. Die Larven der Mehlkäfer werden deshalb auch als Mehlwürmer bezeichnet. Die Larven der Schnellkäfer werden auch Drahtwürmer genannt. Die meisten Larven ernähren sich von Pflanzen, einige aber auch von anderen Kleintieren.

- 6 Beine
- ohne Flügel
- oder häutige Flügel nicht sichtbar

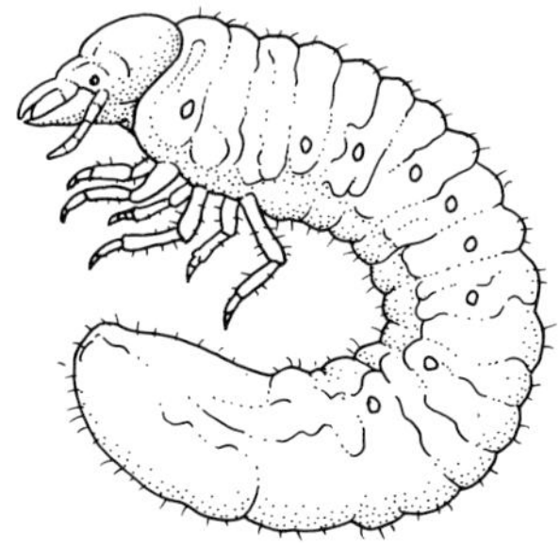

Mein Name ist: **Blatthornkäferlarve**

Besondere Merkmale: **Körper dick und weich, deutliche Beine**

Ich ernähre mich von: **frischen oder abgestorbenen Pflanzen und auch von Mist**

Einordnung in das System	
Klasse	**Insekten**
Ordnung	**Käfer**
Familie	**Blatthornkäfer**

In Deutschland kommen 152 Blatthornkäfer-Arten vor.

Die dicken und weichen Larven der Blatthornkäfer werden Engerlinge genannt. Die Larven leben meist unterirdisch, aber auch in Kuhfladen.

➤ 6 Beine
➤ ohne Flügel
➤ oder häutige Flügel nicht sichtbar

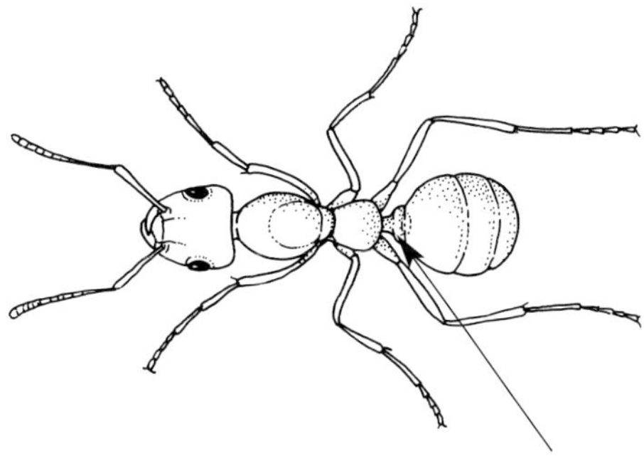

Mein Name ist: **Ameise**

Besondere Merkmale: **Brust und Hinterkörper sind nur durch ein dünnes Stielchen (→) miteinander verbunden, die Brust ist eingeschnürt**

Ich ernähre mich von: **kleinen Tieren, Nektar, Samen und Honigtau**

Einordnung in das System	
Klasse	**Insekten**
Ordnung	**Hautflügler**
Familie	**Ameisen**

In Deutschland kommen 111 Ameisen-Arten vor.

Ameisen sind Insekten, die in großen Gemeinschaften leben. Sie bauen ihre Nester entweder unterirdisch, wie z. B. die Wegameise, oder überirdisch, wie z. B. die Rote Waldameise.

In einem Ameisenvolk sind immer drei Formen (= Kasten) von Ameisen vorhanden: ein oder mehrere Weibchen (= Königinnen), Männchen und Arbeiter. Die männlichen Ameisen tragen meist Flügel. Weibchen verlieren ihre Flügel nach dem Hochzeitsflug. Arbeiter sind stets flügellos. Eine der häufigsten Arten ist die Wegameise. Sie nistet meist versteckt unter Steinen und Wegplatten, aber auch unter Rinde und in Baumstümpfen. Wird ihr der Platz zu eng, baut sie über ihr unterirdisches Nest einen oberirdischen Erdbau.

➤ 6 Beine
➤ ohne Flügel
➤ oder häutige Flügel nicht sichtbar

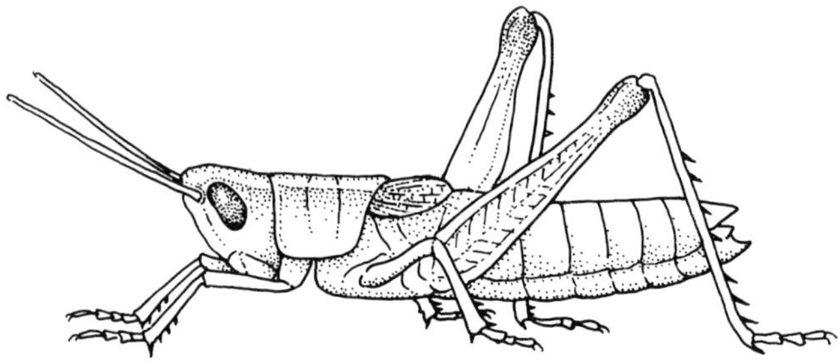

Mein Name ist:	**Kurzfühlerschrecke**
Besondere Merkmale:	**Hinterbeine sind kräftige Sprungbeine, Fühler deutlich kürzer als der Körper**
Ich ernähre mich von:	**Pflanzen**

Einordnung in das System	
Klasse	**Insekten**
Ordnung	**Kurzfühlerschrecken**

In Deutschland kommen 45 Kurzfühlerschrecken-Arten vor.

Die Larven der Kurzfühlerschrecken besitzen noch keine oder nur sehr kurze Flügel. Mit jeder Häutung werden die Flügel länger. Erst ausgewachsene Kurzfühlerschrecken besitzen in der Regel lange Flügel, mit denen sie fliegen können. Es gibt aber auch ausgewachsene Kurzfühlerschrecken, die keine oder nur sehr kurze Flügel besitzen. Wenn die ausgewachsenen Männchen mit der Innenseite ihrer Hinterbeine an den Flügeln entlangstreichen, entstehen Töne, die die Weibchen anlocken. Sowohl Männchen als auch Weibchen besitzen direkt hinter den Flügeln am ersten Hinterkörperglied Hörorgane.

Die in Deutschland vorkommenden Arten der Ordnung der Kurzfühlerschrecken werden in zwei Familien aufgeteilt. Diese sind erst mit einiger Erfahrung zu unterscheiden. Bei den Dornschrecken ist das Halsschild dornartig verlängert und reicht bis zum Hinterende. Bei den Feldheuschrecken ist das Halsschild nicht dornartig verlängert.

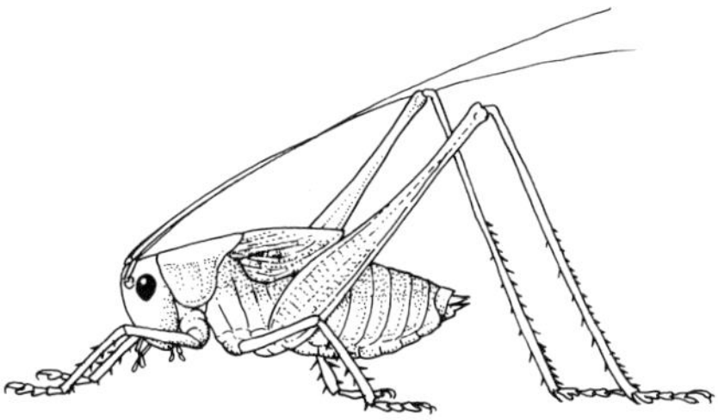

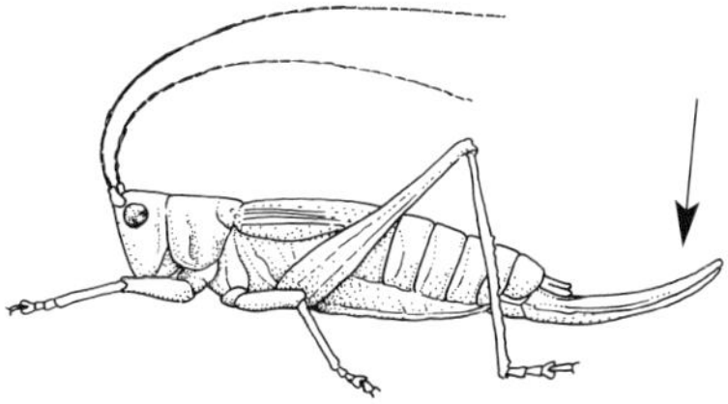

Weibchen mit Legestachel

Mein Name ist: **Laubheuschrecke**

Besondere Merkmale: **Hinterbeine sind kräftige Sprungbeine, Fühler deutlich länger als der Körper, Weibchen besitzen einen langen Legestachel** (→)

Ich ernähre mich von: **Insekten**

Einordnung in das System	
Klasse	**Insekten**
Ordnung	**Langfühlerschrecken**
Familie	**Laubheuschrecken**

In Deutschland kommen 29 Laubheuschrecken-Arten vor.

Die Larven der Langfühlerschrecken besitzen noch keine oder nur sehr kurze Flügel. Mit jeder Häutung werden die Flügel länger. Erst ausgewachsene Langfühlerschrecken besitzen in der Regel lange Flügel, mit denen sie fliegen können. Es gibt aber auch ausgewachsene Langfühlerschrecken, die keine oder nur sehr kurze Flügel besitzen. Wenn die Männchen ihre Flügel aneinander reiben, entstehen Töne, die die Weibchen anlocken. Sowohl Männchen als auch Weibchen besitzen auf den Vorderbeinen Hörorgane.

- 6 Beine
- ohne Flügel
- oder häutige Flügel nicht sichtbar

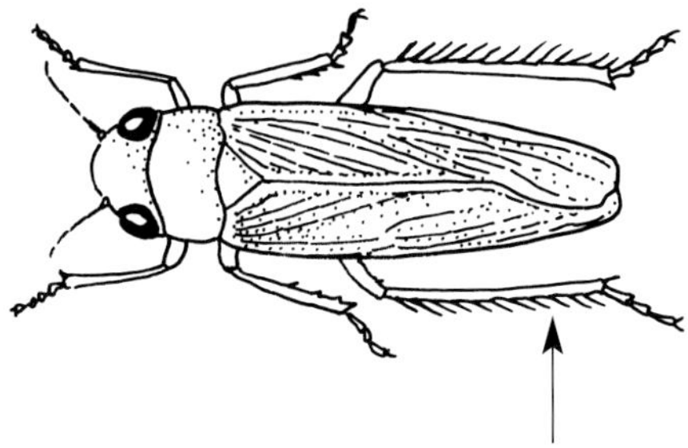

Mein Name ist: **Zwergzikade**

Besondere Merkmale: **Hinterbeine mit vielen kurzen Dornen** (→), **grün oder grünlich gefärbt**

Ich ernähre mich von: **Pflanzen**

Einordnung in das System	
Klasse	**Insekten**
Ordnung	**Zikaden**
Familie	**Zwergzikaden**

In Deutschland kommen 454 Zwergzikaden-Arten vor.

Zwergzikaden sind meist kleiner als 1 cm. Zumindest die auf Wiesen lebenden Zwergzikaden-Arten sind grünlich gefärbt. Mit ihren Hinterbeinen können sie sehr gut springen. Zwergzikaden besitzen stechend-saugende Mundwerkzeuge, mit denen sie Pflanzen anstechen und die Pflanzensäfte aufsaugen.

➤ **6 Beine**
➤ **ohne Flügel**
➤ **oder häutige Flügel nicht sichtbar**

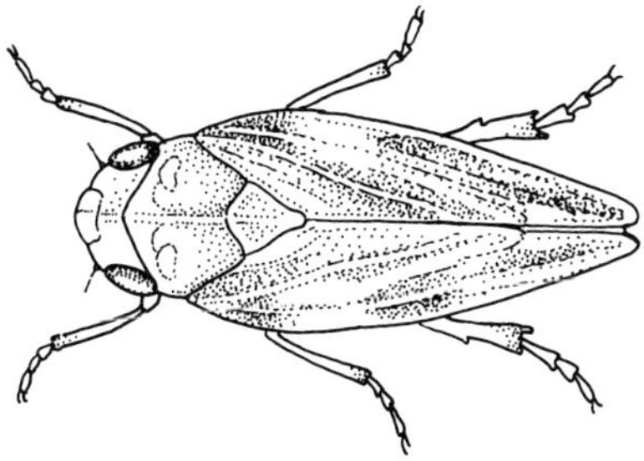

Mein Name ist: **Schaumzikade**

Besondere Merkmale: **Hinterbeine nur mit wenigen Dornen**

Ich ernähre mich von: **Pflanzen**

Einordnung in das System	
Klasse	**Insekten**
Ordnung	**Zikaden**
Familie	**Schaumzikaden**

In Deutschland kommen 17 Schaumzikaden-Arten vor.

Die Larven der Schaumzikaden leben in einem kleinen Schaumballen, den sie selbst herstellen. Dazu scheiden sie eine Flüssigkeit aus, in die sie Luft einpumpen. Die Flüssigkeit wird dann schaumig. Die Schaumhülle verhindert das Austrocknen der Larven und schützt sie vor Feinden. Mit ihren Hinterbeinen können Schaumzikaden sehr gut springen. Sie besitzen stechend-saugende Mundwerkzeuge, mit denen sie Pflanzen anstechen und die Pflanzensäfte aufsaugen.

Die Blutzikade ist wegen ihrer auffälligen Färbung (schwarz mit roten Flecken) eine leicht zu erkennende Art der Schaumzikaden.

- ➤ 6 Beine
- ➤ ohne Flügel
- ➤ oder häutige Flügel nicht sichtbar

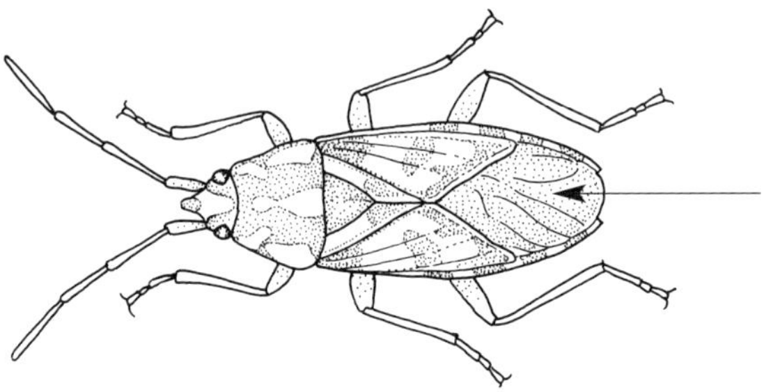

Mein Name ist: **Bodenwanze**

Besondere Merkmale: **Körper langoval und kräftig gepanzert, im häutigen Teil der Flügeldecken sind viele Adern zu sehen** (→)

Ich ernähre mich von: **Pflanzen**

Einordnung in das System	
Klasse	**Insekten**
Ordnung	**Wanzen**
Familie	**Bodenwanzen**

In Deutschland kommen 126 Bodenwanzen-Arten vor.

Bodenwanzen besitzen wie alle Wanzen stechend-saugende Mundwerkzeuge, mit denen sie Pflanzen anstechen und die Pflanzensäfte aufsaugen. Bodenwanzen halten sich nicht nur am Boden auf, so wie der deutsche Name es vermuten lässt, sondern sie klettern auch geschickt auf Pflanzen herum.

➤ 6 Beine
➤ ohne Flügel
➤ oder häutige Flügel nicht sichtbar

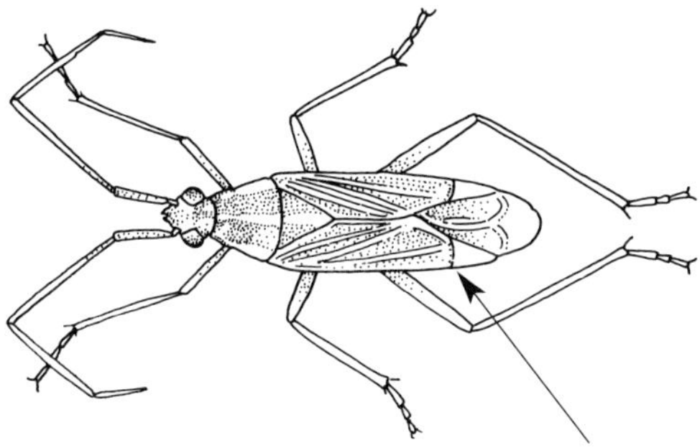

Mein Name ist: **Weichwanze**

Besondere Merkmale: **Körper langoval und weichhäutig, Flügeldecken mit Querader (→), häutiger Teil der Flügeldecken mit 1 bis 2 Adern**

Ich ernähre mich von: **Pflanzen**

Einordnung in das System	
Klasse	**Insekten**
Ordnung	**Wanzen**
Familie	**Weichwanzen**

In Deutschland kommen 328 Weichwanzen-Arten vor.

Weichwanzen besitzen wie alle Wanzen stechend-saugende Mundwerkzeuge, mit denen sie Pflanzen anstechen und die Pflanzensäfte aufsaugen. Die Weichwanzen sind nicht so stark gepanzert wie die übrigen Wanzen. Dieser Eigenschaft verdanken sie ihren Namen.

- 6 Beine
- ohne Flügel
- oder häutige Flügel nicht sichtbar

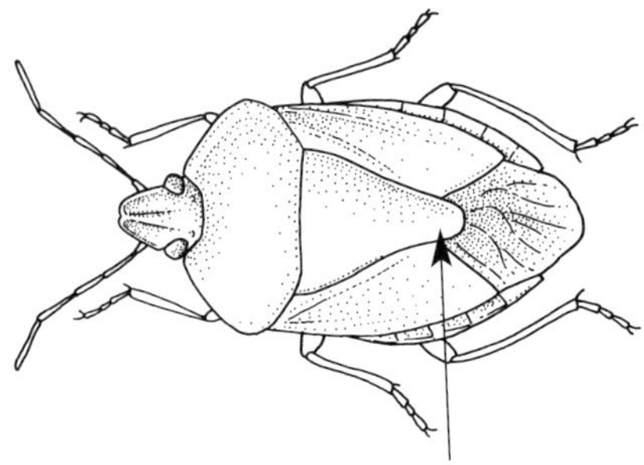

Mein Name ist: **Baumwanze**

Besondere Merkmale: **Körper langoval, das dreieckförmige Schildchen (= Wanzendreieck) reicht weit über die Mitte des Hinterkörpers hinaus, die Flügeldecken berühren sich nicht (→), Kopf deutlich kleiner als der Körper**

Ich ernähre mich von: **Pflanzen**

Einordnung in das System	
Klasse	**Insekten**
Ordnung	**Wanzen**
Familie	**Baumwanzen**

In Deutschland kommen 51 Baumwanzen-Arten vor.

Baumwanzen leben nicht, wie der Name es vermuten lässt, nur auf Bäumen. Wir finden sie auch auf Gräsern und Kräutern. Baumwanzen besitzen wie alle Wanzen Stinkdrüsen. Wenn sie sich bedroht fühlen, geben sie daraus zu ihrer Verteidigung eine übel riechende Flüssigkeit ab. Diese Flüssigkeit können wir riechen, wenn wir eine Baumwanze gefangen haben.

Viele Baumwanzen ändern im Lauf des Jahres ihre Färbung. Wenn im Frühjahr die Pflanzen kräftig grün sind, sind auch die Baumwanzen grün. Werden im Herbst die Pflanzen braun, verfärben sich auch die darauf lebenden Baumwanzen.

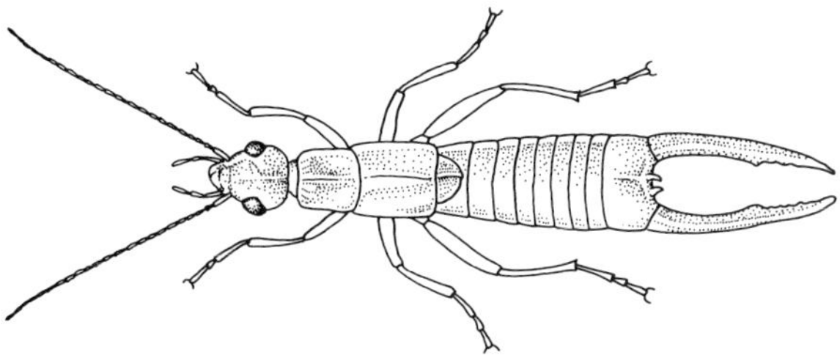

Mein Name ist: **Ohrwurm**

Besondere Merkmale: **Flügeldecken reichen nicht bis zur Mitte des Hinterkörpers, große Zangen am Hinterkörper**

Ich ernähre mich von: **Pflanzen und kleinen Tieren**

Einordnung in das System	
Klasse	**Insekten**
Ordnung	**Ohrwürmer**
Familie	**Ohrwürmer**

In Deutschland kommen 8 Ohrwurm-Arten vor.

Ohrwürmer sind nachtaktiv und verstecken sich tagsüber in Ritzen und Spalten oder unter Steinen. In geeigneten Verstecken kann man sie manchmal sehr zahlreich finden.

Ohrwürmer kriechen übrigens nicht in Ohren und zwicken uns auch nicht mit ihren Zangen ins Ohr. Eigentlich müsste der Ohrwurm Ösenwurm oder Öhrwurm heißen, weil seine Zangen in Ruhestellung eine Öse oder ein Öhr bilden. Die Zangen dienen seiner Verteidigung, aber auch Beute wird damit gepackt. Bei der Paarung wird das Weibchen damit festgehalten und in die richtige Position gebracht.

➤ 6 Beine
➤ ohne Flügel
➤ oder häutige Flügel nicht sichtbar

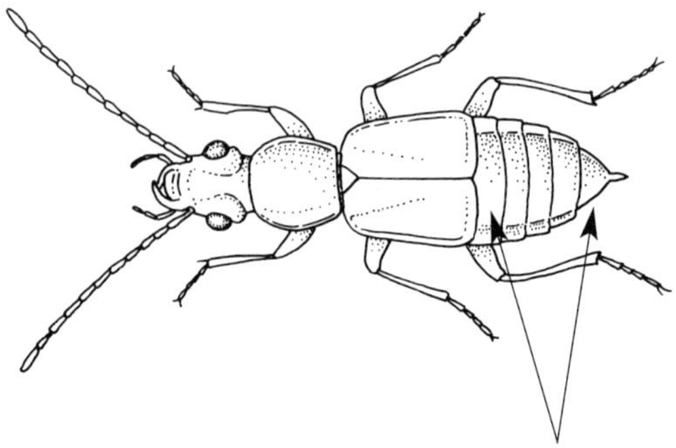

Mein Name ist: **Kurzflügelkäfer**

Besondere Merkmale: **Flügeldecken reichen höchstens bis zur Mitte des Hinterkörpers, hinter den Flügeldecken sind mindestens 5 Hinterkörper-Ringe zu sehen** (→)

Ich ernähre mich von: **Tieren**

Einordnung in das System	
Klasse	**Insekten**
Ordnung	**Käfer**
Familie	**Kurzflügelkäfer**

In Deutschland kommen 1464 Kurzflügelkäfer-Arten vor.

Die Kurzflügelkäfer sind die artenreichste Käferfamilie in Deutschland. Wegen ihrer kurzen Flügeldecken ist die Familie jedoch leicht zu erkennen. Die meisten Arten können sehr gut fliegen. Ihre häutigen und langen Flügel sind, wenn die Käfer nicht fliegen, zusammengefaltet unter den kurzen Flügeldecken verborgen und deshalb nicht sichtbar.

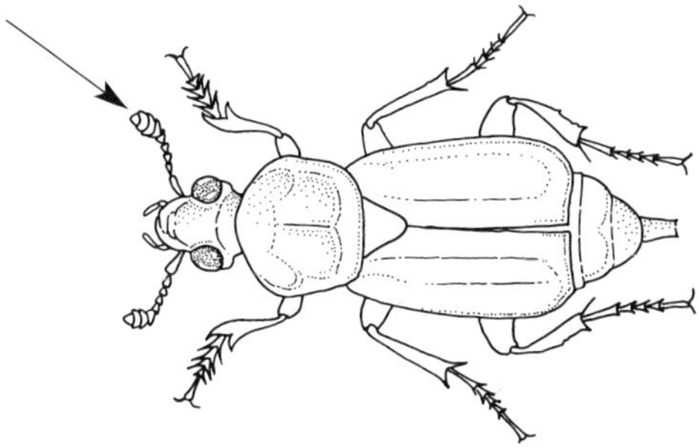

Mein Name ist: **Aaskäfer**

Besondere Merkmale: **Fühler am Ende knopfartig verdickt** (→), **Flügeldecken bedecken Hinterkörper fast vollständig, Flügeldecken mit Längsleisten**

Ich ernähre mich von: **toten Tieren**

Einordnung in das System	
Klasse	**Insekten**
Ordnung	**Käfer**
Familie	**Aaskäfer**

In Deutschland kommen 22 Aaskäfer-Arten vor.

Aaskäfer können gut riechen und werden vom Geruch toter Tiere (Aas) angelockt. Sie fressen selbst an Aas und legen ihre Eier an toten Tieren ab, so dass die geschlüpften Larven sofort etwas zum Fressen finden.

- ➤ **6 Beine**
- ➤ **ohne Flügel**
- ➤ **oder häutige Flügel nicht sichtbar**

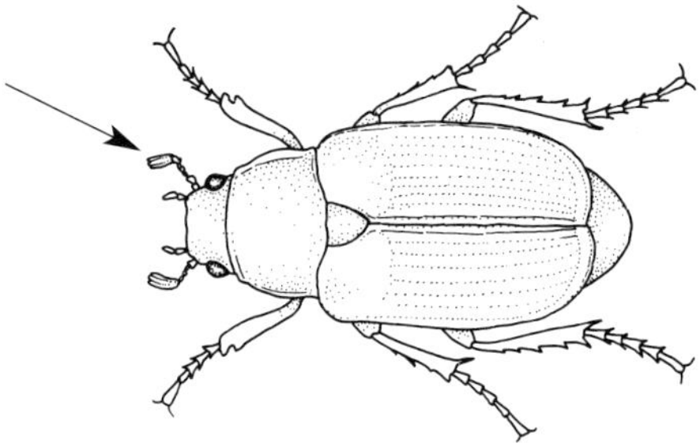

Mein Name ist: **Blatthornkäfer**

Besondere Merkmale: **Fühler am Ende an der Innenseite blattartig verbreitert** (→)

Ich ernähre mich von: **frischen und vermodernden Pflanzen**

Einordnung in das System	
Klasse	**Insekten**
Ordnung	**Käfer**
Familie	**Blatthornkäfer**

In Deutschland kommen 152 Blatthornkäfer-Arten vor.

In die Familie der Blatthornkäfer gehören so unterschiedlich aussehende Arten wie der glänzend grün gefärbte Rosenkäfer, der schwarze Mistkäfer und auch der braune Maikäfer. An ihren typischen Fühlern können wir sie als Familie jedoch leicht erkennen. Die letzten Fühlerglieder sind blattartig verbreitert. Die einzelnen Blätter können auseinander gespreizt werden.

➤ 6 Beine
➤ ohne Flügel
➤ oder häutige Flügel nicht sichtbar

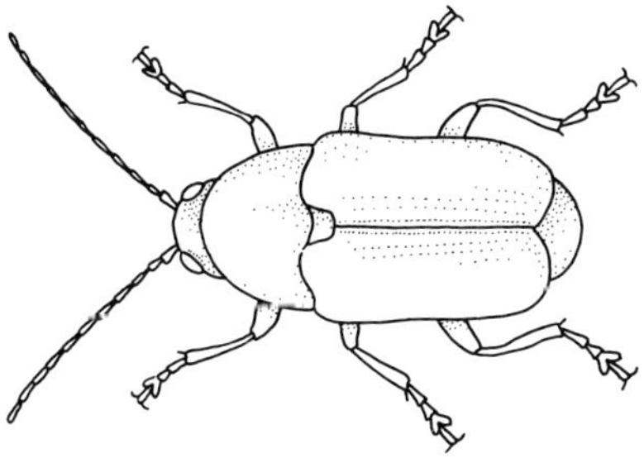

Mein Name ist: **Blattkäfer**

Besondere Merkmale: **Fühler fadenförmig und meist nicht länger als der Körper**

Ich ernähre mich von: **Pflanzen**

Einordnung in das System	
Klasse	**Insekten**
Ordnung	**Käfer**
Familie	**Blattkäfer**

In Deutschland kommen 508 Blattkäfer-Arten vor.

Blattkäfer fressen, wie ihr Name schon verrät, überwiegend Blätter. Je nach Entwicklungsstadium und Art fressen Blattkäfer an verschiedenen Pflanzenteilen. Manche Arten fressen die Blätter von Rand her, andere fressen Löcher in die Blätter.

- 6 Beine
- ohne Flügel
- oder häutige Flügel nicht sichtbar

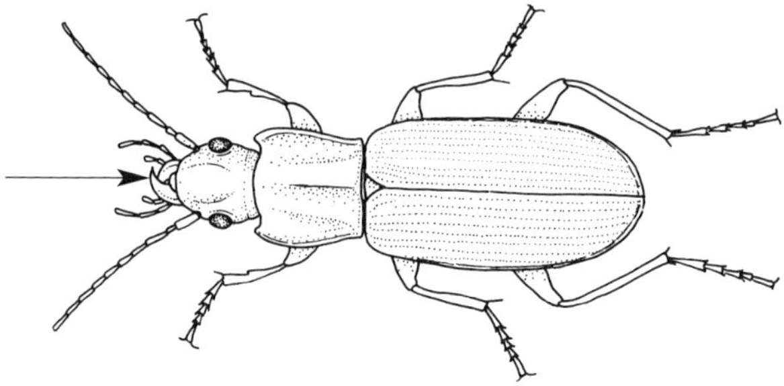

Mein Name ist: **Laufkäfer**

Besondere Merkmale: **Körper länglich, kräftige Kieferzangen** (→), **Halsschild vorn mit Ecken, Flügeldecken mit Längsrippen oder kleinen Dellen**

Ich ernähre mich von: **Tieren**

Einordnung in das System	
Klasse	**Insekten**
Ordnung	**Käfer**
Familie	**Laufkäfer**

In Deutschland kommen 547 Laufkäfer-Arten vor.

Laufkäfer sind äußerst gefräßig und verspeisen auch Regenwürmer und Schnecken. Sie verzehren bis zum Dreifachen des eigenen Körpergewichtes und sind dadurch nützlich.

Ihren Namen verdanken sie der Eigenschaft, dass viele Laufkäfer nicht mehr fliegen können, da ihre häutigen Flügel verkümmert sind.

➤ 6 Beine
➤ ohne häutige Flügel
➤ oder häutige Flügel nicht sichtbar

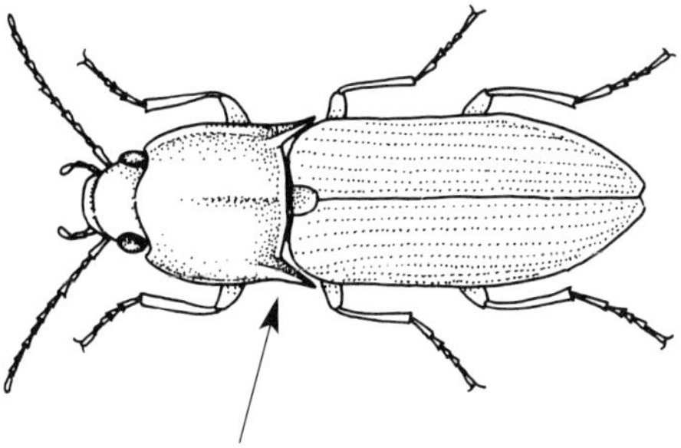

Mein Name ist: **Schnellkäfer**

Besondere Merkmale: **Körper länglich, Halsschild hinten mit Zacken** (→)

Ich ernähre mich von: **Pflanzen und Tieren**

Einordnung in das System	
Klasse	**Insekten**
Ordnung	**Käfer**
Familie	**Schnellkäfer**

In Deutschland kommen 143 Schnellkäfer-Arten vor.

Schnellkäfer verdanken ihren Namen einer besonderen Eigenschaft. Kommen sie auf dem Rücken zu liegen, biegen sie ihren Körper gegen den Widerstand ihrer starken Panzerung durch, sie gehen ins Hohlkreuz. Lösen sie die Spannung, schnellen sie in die Luft, dabei drehen sie einige Saltos und landen auf den Beinen. Beim Lösen der Spannung entsteht ein Klick-Laut. Wenn ein Schnellkäfer von einem Feind gepackt wird, versucht er sich durch Hochschnellen zu befreien.

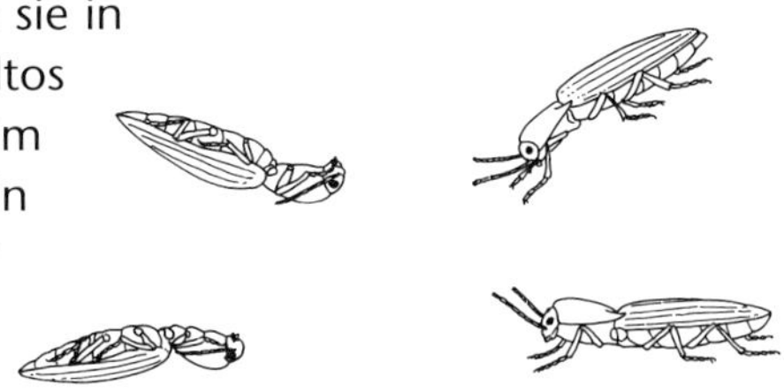

6 Beine
ohne Flügel

➤ 6 Beine
➤ ohne Flügel
➤ oder häutige Flügel nicht sichtbar

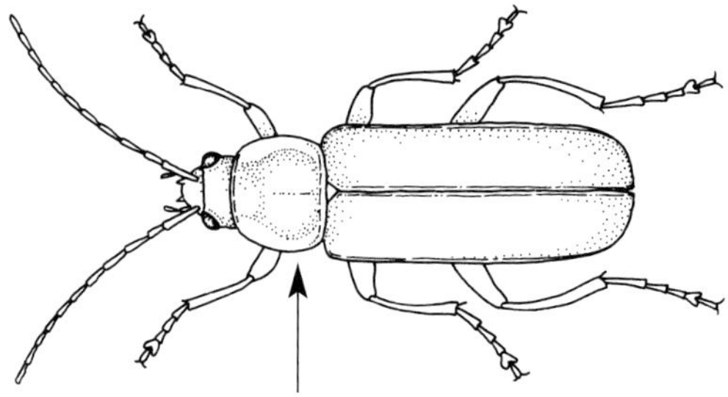

Mein Name ist: **Weichkäfer**

Besondere Merkmale: **Körper länglich, Halsschild rundlich** (→),
Flügeldecken glatt,
ohne Rippen oder Dellen

Ich ernähre mich von: **Tieren**

Einordnung in das System	
Klasse	**Insekten**
Ordnung	**Käfer**
Familie	**Weichkäfer**

In Deutschland kommen 85 Weichkäfer-Arten vor.

Weichkäfer sind im Vergleich zu anderen Käfern weniger stark gepanzert. Sie sind oft kräftig gefärbt. Da Halsschild und Flügeldecken verschiedene Farben haben, erinnern sie mit ihrer Färbung an die Uniform von Soldaten. Deshalb werden sie auch Soldatenkäfer genannt.

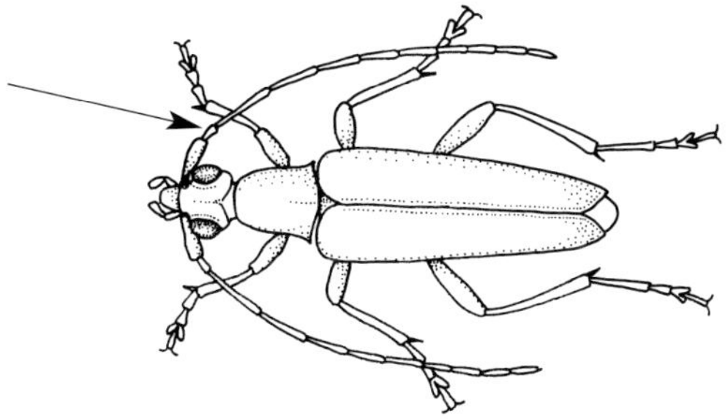

Mein Name ist: **Bockkäfer**

Besondere Merkmale: **Fühler fadenförmig und länger als der Körper, zweites Fühlerglied kürzer als die anderen** (→)

Ich ernähre mich von: **Pollen**

Einordnung in das System	
Klasse	**Insekten**
Ordnung	**Käfer**
Familie	**Bockkäfer**

In Deutschland kommen 183 Bockkäfer-Arten vor.

Typisch für die Bockkäfer sind ihre langen, oft hornartig gebogenen Fühler. Sie erinnern an die Hörner eines Ziegen- oder Steinbocks. Deshalb werden sie Bockkäfer genannt. Manche Bockkäfer benutzen ihre langen Fühler als Hebel beim Umdrehen aus der Rückenlage. Die Larven der Bockkäfer leben im Holz. Auf der Wiese finden wir die Käfer an Blüten, dort fressen sie Pollen.

➤ 6 Beine
➤ ohne Flügel
➤ oder häutige Flügel nicht sichtbar

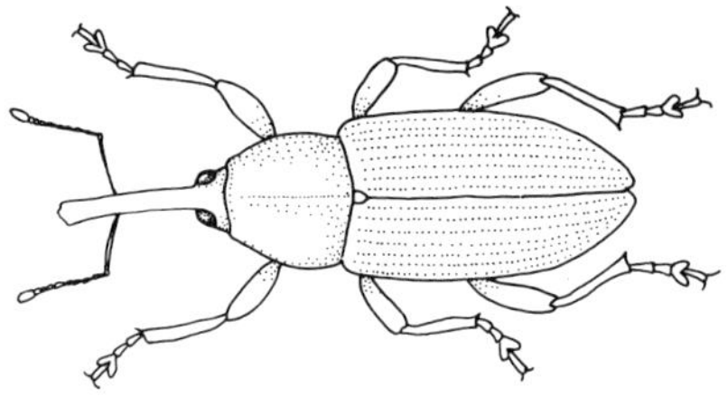

Langrüssler

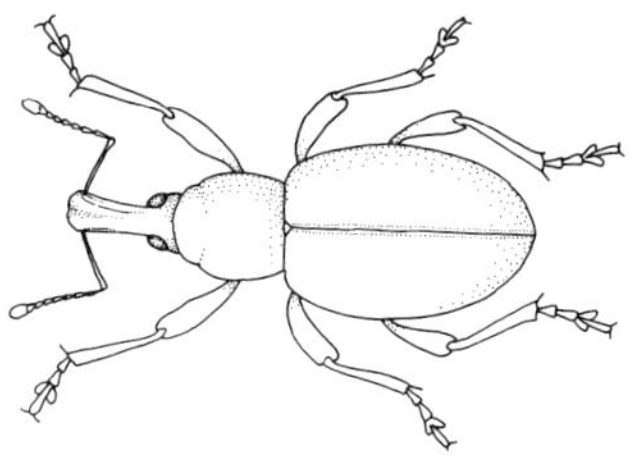

Kurzrüssler

Mein Name ist: **Rüsselkäfer**

Besondere Merkmale: **Kopf rüsselartig verlängert, Fühler fast rechtwinklig abgeknickt und am Ende keulig verdickt**

Ich ernähre mich von: **Pflanzen**

Einordnung in das System	
Klasse	**Insekten**
Ordnung	**Käfer**
Familie	**Rüsselkäfer**

In Deutschland kommen 765 Rüsselkäfer-Arten vor.

Typisch für die Rüsselkäfer ist der rüsselartig verlängerte Kopf. Am Rüsselende befinden sich die kurzen, kauenden Mundwerkzeuge.

Es lassen sich zwei Typen unterscheiden: die Langrüssler und die Kurzrüssler. Bei den Langrüsslern ist der Rüssel lang, dünn und rund. Bei den Kurzrüsslern ist er kurz, dick und abgeflacht. Da manche Rüsselkäfer von unseren Vorräten oder an Nutzpflanzen fressen, können sie großen Schaden anrichten.

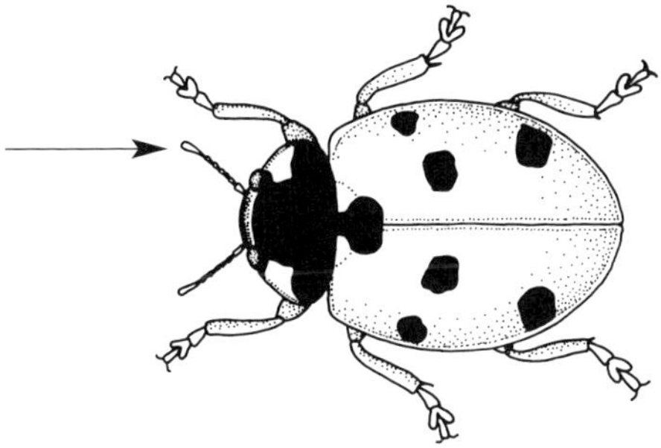

Mein Name ist: **Marienkäfer**

Besondere Merkmale: **Fühler am Ende keulig verdickt** (→), **Körperform rundlich, oft kräftig gefärbt mit Punktmuster**

Ich ernähre mich von: **kleinen Tieren**

Einordnung in das System	
Klasse	**Insekten**
Ordnung	**Käfer**
Familie	**Marienkäfer**

In Deutschland kommen 78 Marienkäfer-Arten vor.

Manche Marienkäfer-Arten lassen sich leicht an ihrer Färbung und an ihrem Punktmuster unterscheiden:

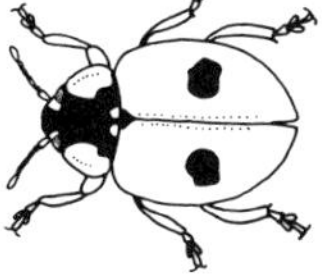

Zweipunkt-Marienkäfer

Siebenpunkt-Marienkäfer

13-Punkt-Marienkäfer

Da sowohl Marienkäfer als auch deren Larven gerne Blattläuse verzehren und Marienkäfer ihre Eier oft in der Nähe von Blattlauskolonien ablegen, sind sie nützlich.

➤ 6 Beine
➤ ohne Flügel
➤ oder häutige Flügel nicht sichtbar

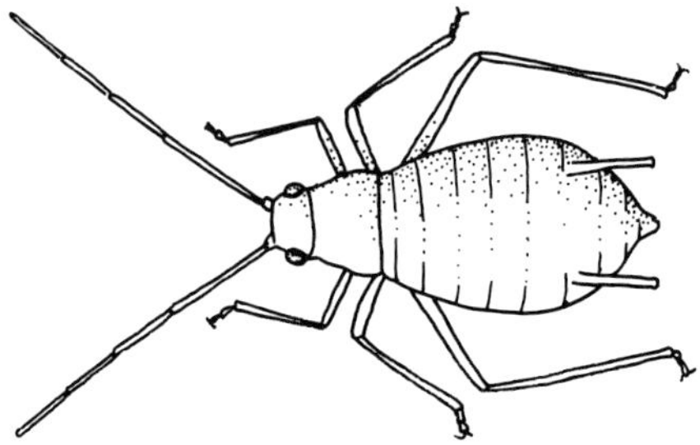

Mein Name ist: **Blattlaus**

Besondere Merkmale: **sehr klein, am Hinterkörper mit 2 langen Fortsätzen**

Ich ernähre mich von: **Pflanzensäften**

Einordnung in das System	
Klasse	**Insekten**
Ordnung	**Blattläuse**
Familie	**Röhrenblattläuse**

In Deutschland kommen 708 Röhrenblattlaus-Arten vor.

Typisches Merkmal der Röhrenblattläuse sind die beiden langen Röhren am Hinterkörper. Blattläuse stechen mit ihren Mundwerkzeugen Pflanzen an und saugen Pflanzensäfte auf. Die Pflanzensäfte enthalten viel Zucker, aber wenig Eiweiß. Um sich mit genügend Eiweiß zu versorgen, müssen die Blattläuse deshalb viel Pflanzensaft aufsaugen. Der überschüssige, zuckerhaltige Saft wird durch die beiden Röhren abgegeben und Honigtau genannt. Bienen, Ameisen und andere Insekten nutzen Honigtau gern als Zuckerquelle.

Treten Blattläuse in Massen auf, können sie an Pflanzen große Schäden hervorrufen.

Wenn ich

sechs Beine

habe und du

keine häutigen Flügel siehst

und du mich bisher noch nicht zuordnen konntest,

- dann kann ich ein Käfer, eine Wanze oder eine Art aus einer anderen Ordnung sein. Vielleicht bin ich auch eine Larve.
- Egal in welche Ordnung ich gehöre, ich besitze sechs Beine und bin deswegen ein **Insekt**!

➤ **6 Beine**
➤ **2 häutige Flügel**

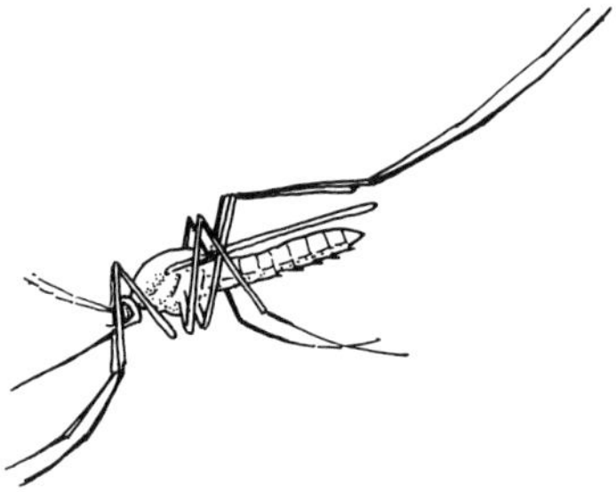

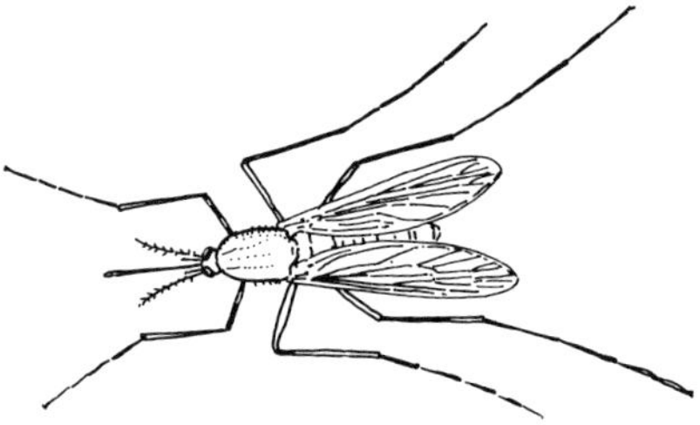

Mein Name ist: **Stechmücke**

Besondere Merkmale: **Fühler lang und fadenförmig, langer Stechrüssel**

Ich ernähre mich von: **Blut**

Einordnung in das System	
Klasse	**Insekten**
Ordnung	**Zweiflügler**
Familie	**Stechmücken**

In Deutschland kommen 46 Stechmücken-Arten vor.

Nur die Weibchen der Stechmücken besitzen einen langen Stechrüssel. Nach dem Stechen saugen sie mit ihm Blut auf. Damit das Blut flüssig bleibt, geben sie ein Sekret (Flüssigkeit) in die Stichwunde ab. Dieses Sekret verursacht das Jucken.

Der Rüssel der Männchen hat keine Stechborsten. Deshalb können die Männchen nicht stechen. Sie saugen nur süße Säfte (Nektar).

Auch die Fühler sind bei Männchen und Weibchen unterschiedlich gebaut. Die Fühler der Männchen sind lang behaart. Auf ihnen sitzen viele Sinnesorgane, wie z. B. besondere Hörorgane. Damit hören die Männchen den Flugton der Weibchen und werden dadurch angelockt. Die Fühler der Weibchen sind kleiner und wenig behaart.

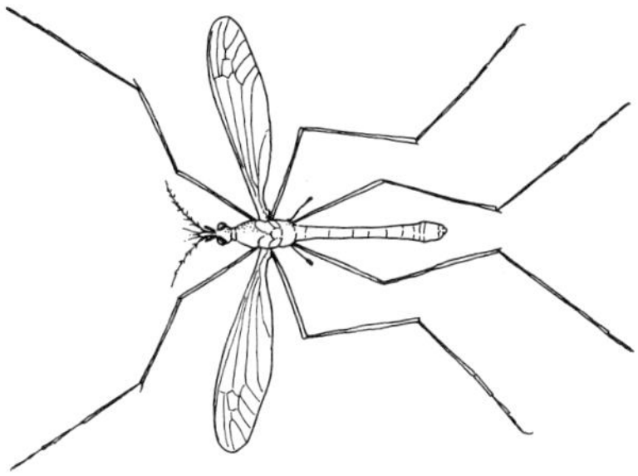

Mein Name ist: **Schnake**

Besondere Merkmale: **sehr lange Beine, Fühler lang**

Ich ernähre mich von: **Pflanzensäften**

Einordnung in das System	
Klasse	**Insekten**
Ordnung	**Zweiflügler**
Familie	**Schnaken**

In Deutschland kommen 123 Schnaken-Arten vor.

Typisch für Schnaken sind ihre langen Beine. Mit ihnen können sie sich gut an Grashalmen oder Pflanzenstängeln festhalten. Schnaken legen ihre Eier an faulenden Pflanzen oder im Wasser ab. Sie können recht groß werden. Da Schnaken aber keine stechenden Mundwerkzeuge oder einen Wehrstachel haben, sind sie völlig harmlos. Einige fliegen im Sommer auch ins Haus und umschwirren dann Lampen.

➤ **6 Beine**
➤ **2 häutige Flügel**

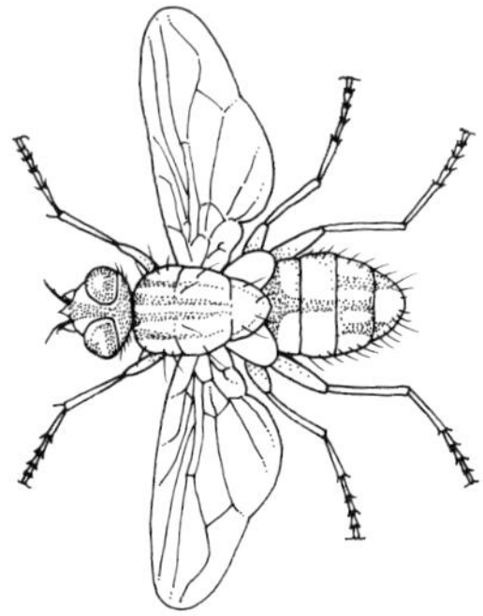

Mein Name ist: **Stubenfliege**

Besondere Merkmale: **Fühler kürzer als der Kopf,**
Körper schwarz oder grau gefärbt,
Hinterkörper mit orangefarbenen Flecken

Ich ernähre mich von: **allerlei süßen Säften**

Einordnung in das System	
Klasse	**Insekten**
Ordnung	**Zweiflügler**
Familie	**Echte Fliegen**

In Deutschland kommen 317 Arten der Echten Fliegen vor.

Die Echten Fliegen können mit ihrem Saugrüssel nur Flüssigkeiten aufsaugen. Fliegen sind sehr fürsorgliche Mütter. Ihre Sorge um den Fliegen-Nachwuchs bereitet uns Menschen jedoch Probleme. Die Fliegen legen ihre Eier in Mist oder Kot ab, so dass die schlüpfenden Larven sofort etwas zum Fressen finden. Nach der Eiablage an einem Hundehaufen fliegen die Tiere wieder zurück und landen auf unserem Honig- oder Marmeladenbrot.

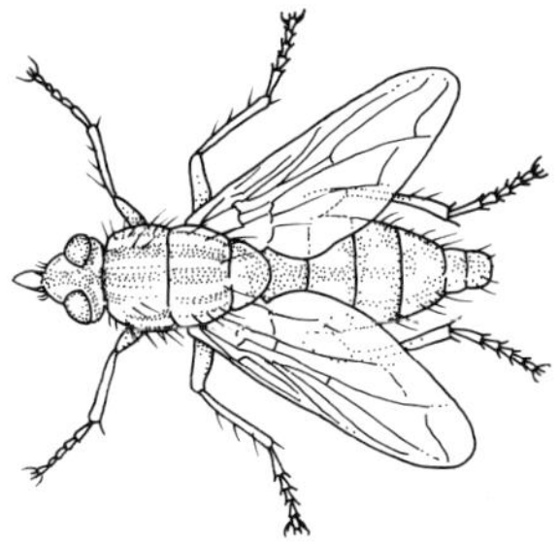

Mein Name ist: **Schmeißfliege**

Besondere Merkmale: **Fühler kürzer als der Kopf, Körper grau-schwarz gefärbt, Hinterkörper mit weißlichen Flecken**

Ich ernähre mich von: **allerlei süßen Säften**

Einordnung in das System	
Klasse	**Insekten**
Ordnung	**Zweiflügler**
Familie	**Schmeißfliegen**

In Deutschland kommen 62 Schmeißfliegen-Arten vor.

Die Schmeißfliegen können mit ihrem Saugrüssel nur Flüssigkeiten aufsaugen. Schmeißfliegen sind sehr fürsorgliche Mütter. Die Sorge um ihren Fliegen-Nachwuchs bereitet uns Menschen jedoch Probleme. Schmeißfliegen legen ihre Eier in Mist, Kot, Aas oder anderen faulenden Stoffen ab, so dass die schlüpfenden Larven sofort etwas zum Fressen finden. Nach der Eiablage an einem Hundehaufen fliegen die Tiere wieder zurück und landen auf unserem Honig- oder Marmeladenbrot.

- ➤ 6 Beine
- ➤ 2 häutige Flügel

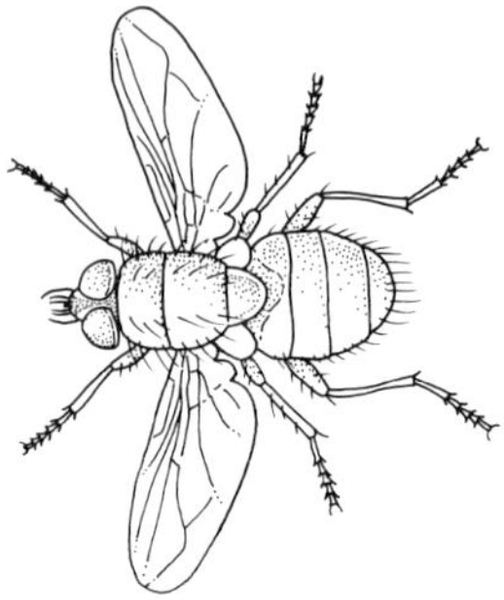

Mein Name ist: **Goldfliege**

Besondere Merkmale: **Fühler kürzer als der Kopf, Körper metallisch glänzend, grünlich oder goldfarben gefärbt**

Ich ernähre mich von: **allerlei süßen Säften**

Einordnung in das System	
Klasse	**Insekten**
Ordnung	**Zweiflügler**
Familie	**Schmeißfliegen**

In Deutschland kommen 62 Schmeißfliegen-Arten vor.

Die Goldfliege ist eine besonders auffällig gefärbte Art aus der Familie der Schmeißfliegen. Goldfliegen können mit ihrem Saugrüssel nur Flüssigkeiten aufsaugen. Sie sind sehr fürsorgliche Mütter. Die Sorge um ihren Fliegen-Nachwuchs bereitet uns Menschen jedoch Probleme. Schmeißfliegen legen ihre Eier in Mist, Kot, Aas oder anderen faulenden Stoffen ab, so dass die schlüpfenden Larven sofort etwas zum Fressen finden. Nach der Eiablage an einem Hundehaufen fliegen die Tiere wieder zurück und landen auf unserem Honig- oder Marmeladenbrot.

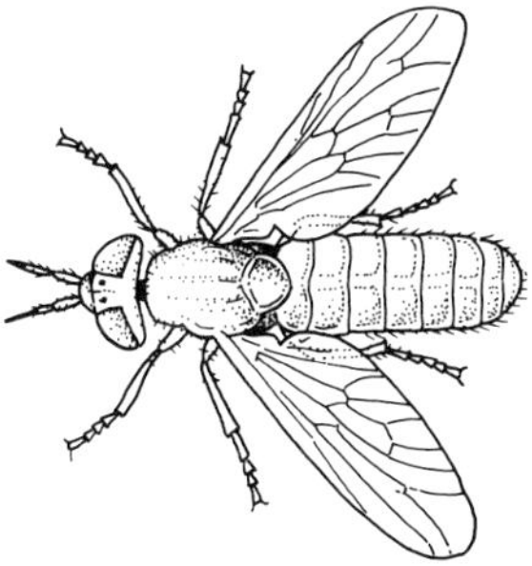

Mein Name ist: **Bremse**

Besondere Merkmale: **Fühler wenig länger als der Kopf, Körper länglich und dunkel gefärbt, Hinterkörper mit weißlichen Ringen, Augen schimmern oft in allen Regenbogenfarben**

Ich ernähre mich von: **Blut**

Einordnung in das System	
Klasse	**Insekten**
Ordnung	**Zweiflügler**
Familie	**Bremsen**

In Deutschland kommen 58 Bremsen-Arten vor.

Die Weibchen der Bremsen besitzen messerscharfe Mundwerkzeuge, mit denen sie in die Haut von Tieren und auch des Menschen aufritzen. Das austretende Blut wird aufgesaugt. Die Wunde blutet oft noch etwas nach, da die Bremsen einen Stoff in die Wunde abgeben, der verhindert, dass sich das Blut verdickt. Die Männchen sind harmlose Blütenbesucher; ihre Mundwerkzeuge können die Haut nicht anritzen. Die Larven der Bremsen leben in feuchtem Boden oder im Wasser.

- ➤ **6 Beine**
- ➤ **2 häutige Flügel**

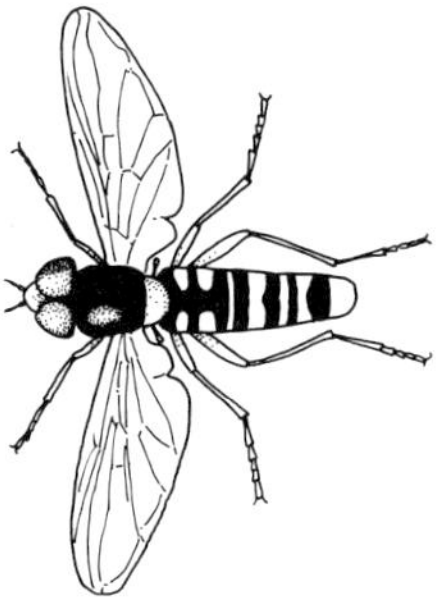

Mein Name ist: **Schwebfliege**

Besondere Merkmale: **Fühler kürzer als der Kopf, Hinterkörper gelb-schwarz gestreift**

Ich ernähre mich von: **Nektar und Pollen**

Einordnung in das System	
Klasse	**Insekten**
Ordnung	**Zweiflügler**
Familie	**Schwebfliegen**

In Deutschland kommen 440 Schwebfliegen-Arten vor.

Schwebfliegen sind wie die Wespen gelb-schwarz gefärbt. Dass Wespen einen Wehrstachel haben und damit auch stechen, wissen wir alle. Schwebfliegen haben dagegen keinen Stachel und können auch nicht stechen. Sie sind völlig harmlose Blütenbesucher. Wegen ihrer gelb-schwarzen Warnfärbung sehen sie gefährlicher aus als sie sind. Damit täuschen sie ihre Feinde.

Schwebfliegen sind ausgezeichnete Flieger. Sie können im Schwirrflug stehen bleiben, um dann plötzlich blitzschnell abzuschwirren. Dieser Fähigkeit verdanken sie ihren Namen.

Wenn ich

zwei häutige Flügel

habe und du mich bisher noch nicht zuordnen konntest,

dann bin ich ein

Zweiflügler

aus der Ordnung der Zweiflügler.

➤ In Deutschland kommen über 9200 Zweiflügler-Arten vor. Da es so viele verschiedene Zweiflügler gibt, ist ihre genaue Bestimmung schwierig. Dazu braucht man viel Erfahrung und selbst wenn man die hat, kann man nicht alle kennen. Für uns reicht es aus zu wissen, dass Insekten, die zwei häutige Flügel besitzen, Zweiflügler sind. Zu den Zweiflüglern gehören all jene Insekten, die wir meist als Fliegen, Mücken oder Schnaken bezeichnen. Fliegen besitzen kurze Fühler, Mücken lange Fühler. Mücken mit sehr langen Beinen werden Schnaken genannt.

➤ Aber aufgepasst, nicht alle Insekten, die im Namen das Wort „Fliegen" tragen, sind in Wirklichkeit Zweiflügler. Die Skorpionsfliegen und auch die Florfliegen besitzen 4 Flügel und sind somit keine Zweiflügler (siehe unter „4 häutige Flügel").

➤ 6 Beine
➤ 4 häutige Flügel

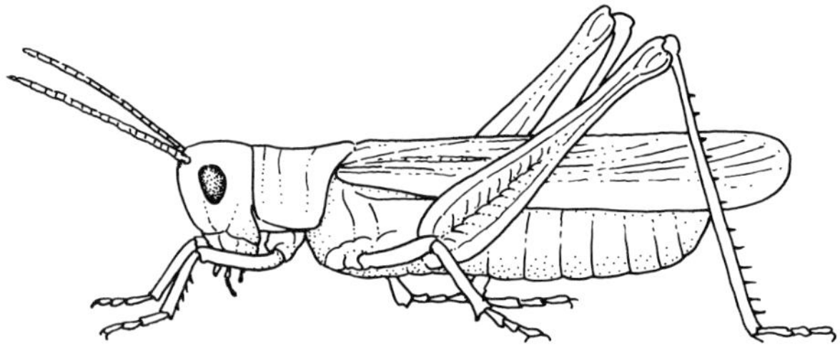

Mein Name ist: **Kurzfühlerschrecke**

Besondere Merkmale: **Hinterbeine sind kräftige Sprungbeine, Fühler deutlich kürzer als der Körper**

Ich ernähre mich von: **Pflanzen**

Einordnung in das System	
Klasse	**Insekten**
Ordnung	**Kurzfühlerschrecken**

In Deutschland kommen 45 Kurzfühlerschrecken-Arten vor.

Die Larven der Kurzfühlerschrecken besitzen noch keine oder nur sehr kurze Flügel. Mit jeder Häutung werden die Flügel länger. Erst ausgewachsene Kurzfühlerschrecken besitzen in der Regel lange Flügel, mit denen sie fliegen können. Es gibt aber auch ausgewachsene Kurzfühlerschrecken, die keine oder nur sehr kurze Flügel besitzen. Wenn die ausgewachsenen Männchen mit der Innenseite ihrer Hinterbeine an den Flügeln entlangstreichen, entstehen Töne, die die Weibchen anlocken. Sowohl Männchen als auch Weibchen besitzen direkt hinter den Flügeln am ersten Hinterkörperglied Hörorgane.

Die in Deutschland vorkommenden Arten der Ordnung der Kurzfühlerschrecken werden in zwei Familien aufgeteilt. Diese sind erst mit einiger Erfahrung zu unterscheiden. Bei den Dornschrecken ist das Halsschild dornartig verlängert und reicht bis zum Hinterende. Bei den Feldheuschrecken ist das Halsschild nicht dornartig verlängert.

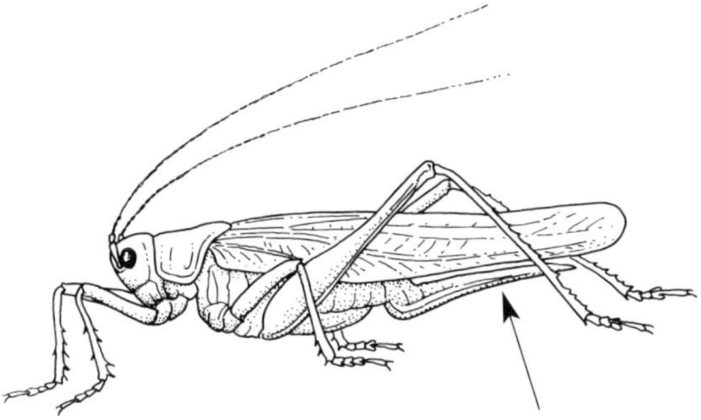

Mein Name ist: **Laubheuschrecke**

Besondere Merkmale: **Hinterbeine sind kräftige Sprungbeine, Fühler deutlich länger als der Körper**

Ich ernähre mich von: **Insekten**

Einordnung in das System	
Klasse	**Insekten**
Ordnung	**Langfühlerschrecken**
Familie	**Laubheuschrecken**

In Deutschland kommen 29 Laubheuschrecken-Arten vor.

Die Larven der Langfühlerschrecken besitzen noch keine oder nur sehr kurze Flügel. Mit jeder Häutung werden die Flügel länger. Erst ausgewachsene Langfühlerschrecken besitzen in der Regel lange Flügel, mit denen sie fliegen können. Wenn die Männchen ihre Flügel aneinander reiben, entstehen Töne, die die Weibchen anlocken. Sowohl Männchen als auch Weibchen besitzen auf den Vorderbeinen Hörorgane. Weibchen besitzen einen langen Legestachel (→).

➤ **6 Beine**
➤ **4 häutige Flügel**

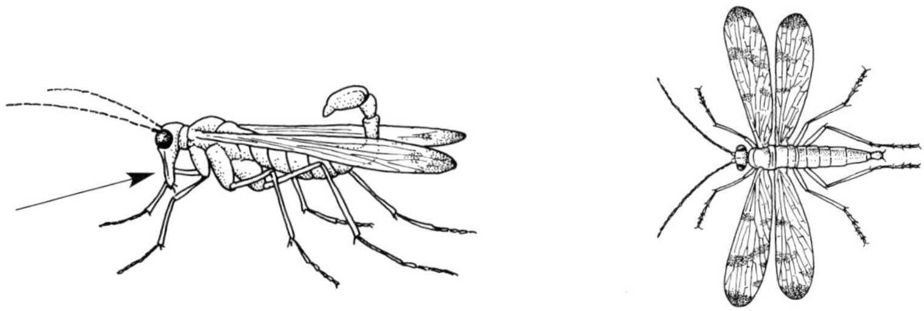

Männchen Weibchen

Mein Name ist: **Skorpionsfliege**

Besondere Merkmale: **Kopf schnabelartig nach unten verlängert** (→), **Flügel gefleckt**

Ich ernähre mich von: **lebenden und toten Insekten, Honigtau und Nektar**

Einordnung in das System	
Klasse	**Insekten**
Ordnung	**Schnabelfliegen**
Familie	**Skorpionsfliegen**

In Deutschland kommen 5 Skorpionsfliegen-Arten vor.

Die Skorpionsfliegen verdanken ihren Namen einem Fortsatz am Hinterkörper der Männchen. Dieser Fortsatz ähnelt dem Schwanz eines Skorpions. Bei der Paarung hält das Männchen damit das Weibchen fest.

Ein weiteres typisches Merkmal der Skorpionsfliegen ist der schnabelartig nach unten verlängerte Kopf.

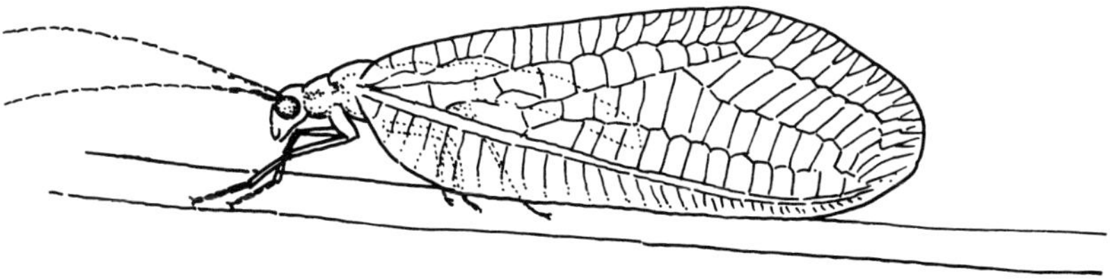

Mein Name ist: **Florfliege**

Besondere Merkmale: **Flügel dachförmig über dem Körper,**
Flügel stark netzadrig,
große, goldglänzende Augen

Ich ernähre mich von: **kleinen Insekten, meist aber von Blattläusen**

Einordnung in das System	
Klasse	**Insekten**
Ordnung	**Netzflügler**
Familie	**Florfliegen**

In Deutschland kommen 29 Florfliegen-Arten vor.

Wegen ihren großen, goldglänzenden Augen werden Florfliegen oft Goldaugen genannt. Die ausgewachsenen Florfliegen und auch ihre Larven ernähren sich überwiegend von Blattläusen. Damit sind sie zusammen mit den Larven der Marienkäfer und der Schwebfliegen die wichtigsten Blattlaus-Feinde.

Manchmal fliegen Florfliegen auch in unsere Wohnungen. Weil sie uns bei der Bekämpfung der Blattläuse helfen, sollten sie uns willkommen sein.

➤ **6 Beine**
➤ **4 häutige Flügel**

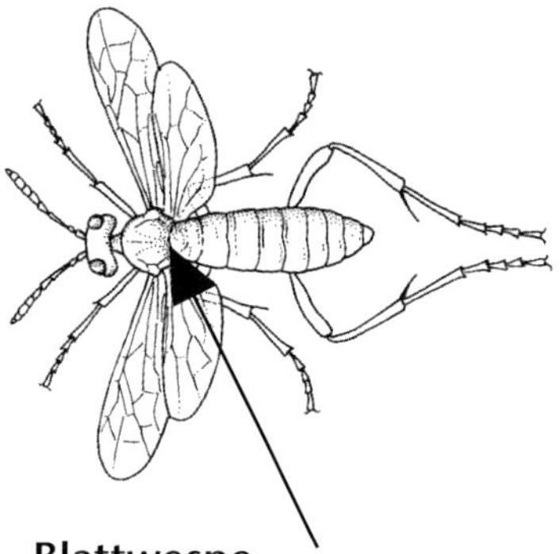

Mein Name ist: **Blattwespe**

Besondere Merkmale: **Vorderkörper und Hinterkörper stoßen breit aneinander** (→), **Flügel in Ruhe flach über dem Körper**

Ich ernähre mich von: **Pollen und Nektar**

Einordnung in das System	
Klasse	**Insekten**
Ordnung	**Hautflügler**
Familie	**Blattwespen**

In Deutschland kommen 541 Blattwespen-Arten vor.

Nicht alles, was den Namensbestandteil „Wespe" trägt, ist gelb-schwarz gefärbt und hat eine Wespentaille. Die Blattwespen sind das beste Beispiel dafür. Weil bei ihnen Vorder- und Hinterkörper nicht durch ein kleines Stielchen getrennt sind, haben sie auch keine Wespentaille. Sie können auch nicht stechen, obwohl einige Arten einen langen Legebohrer besitzen, mit dem sie ihre Eier in Pflanzen oder in Holz ablegen. Die Larven ernähren sich nur von Pflanzen. Manche Blattwespen legen ihre Eier nur an ganz bestimmten Pflanzen ab und können deshalb an Nutzpflanzen Schaden anrichten.

➤ 6 Beine
➤ 4 häutige Flügel

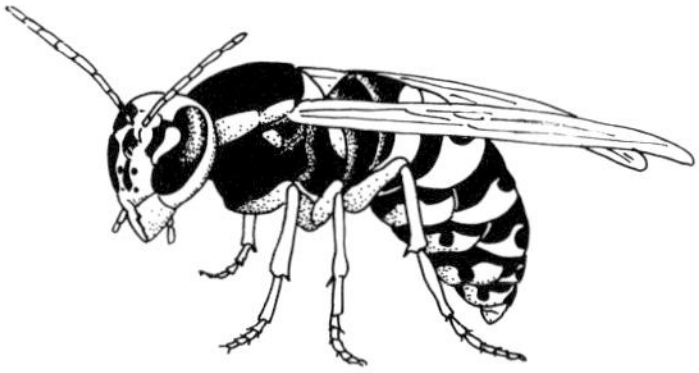

Flügel zusammengefaltet

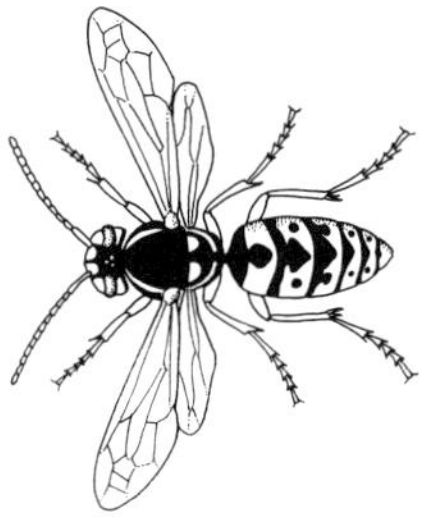

Flügel ausgebreitet

Mein Name ist: **Wespe**

Besondere Merkmale: **Wespentaille,**
Flügel in Ruhe zusammengefaltet,
Hinterkörper gelb-schwarz gestreift

Ich ernähre mich von: **süßen Säften**

Einordnung in das System	
Klasse	**Insekten**
Ordnung	**Hautflügler**
Familie	**Faltenwespen**

In Deutschland kommen 13 Faltenwespen-Arten vor.

Wespen falten beim Sitzen ihre Flügel zusammen. Deshalb werden sie Faltenwespen genannt. Faltenwespen nagen mit ihren Mundwerkzeugen verwitternde Holzteilchen ab, zerkauen sie und vermischen sie mit Speichel. Aus diesem „Holzbrei" bauen sie ihr Wespennest, das entweder versteckt in Hohlräumen (z. B. in Mäuselöchern oder Rollladenkästen) oder frei an Pflanzen aufgehängt ist. Ihre Larven füttern sie mit anderen Insekten, die sie jagen und mit ihrem Giftstachel töten. Die ausgewachsenen Wespen ernähren sich selbst nur von süßen Pflanzensäften. Deshalb finden wir sie oft auf Blüten, deren Nektar sie aufsaugen.

➤ **6 Beine**
➤ **4 häutige Flügel**

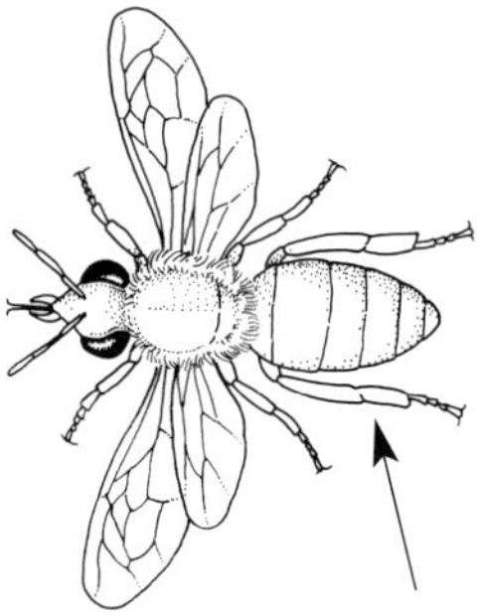

Mein Name ist: **Honigbiene**

Besondere Merkmale: **Hinterbeine verdickt (→), sie bilden einen Pollensammelapparat (= Körbchen), deshalb tragen sie an den Hinterbeinen oft ein dickes Pollenpaket**

Ich ernähre mich von: **Pollen und Nektar**

Einordnung in das System	
Klasse	**Insekten**
Ordnung	**Hautflügler**
Familie	**Bienen**

In Deutschland kommen 550 Bienen-Arten vor.

Ein Bienenvolk kann aus bis zu 50 000 Tieren bestehen. Die meisten davon sind Arbeiterinnen. Die Honigbiene wird seit mindestens 5000 Jahren vom Menschen als Haustier gehalten, da sie Honig und Wachs herstellt. Beides nutzt der Mensch für sich. Honig besteht aus umgewandelten Pollen und dient den Larven als Nahrung. In speziellen Drüsen der Arbeiterinnen entsteht Wachs, das zum Bau der Waben verwendet wird.

Die Honigbiene und die Hummeln sind die einzigen Vertreter aus der Familie der Bienen, die in einer Gemeinschaft leben. Alle anderen Arten der Familie leben allein.

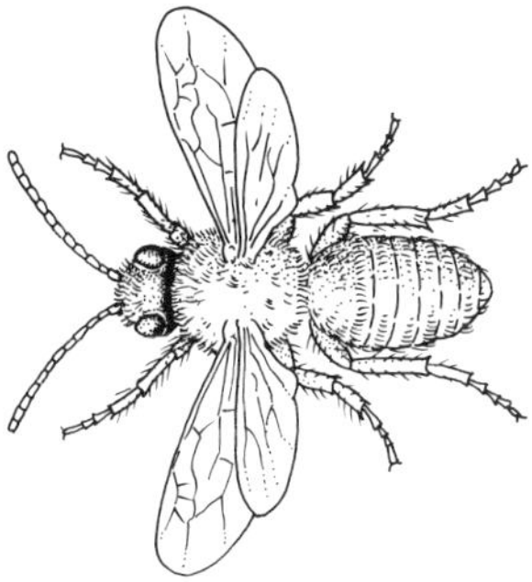

Mein Name ist: **Wildbiene**

Besondere Merkmale: **Körperbau und Aussehen ähnlich wie die Honigbiene, Hinterbeine jedoch nicht verdickt, ohne Pollensammelapparat (= Pollenkörbchen)**

Ich ernähre mich von: **Pollen und Nektar**

Einordnung in das System	
Klasse	**Insekten**
Ordnung	**Hautflügler**
Familie	**Bienen**

In Deutschland kommen 550 Bienen-Arten vor.

Die Honigbiene und die Hummeln sind die einzigen Vertreter aus der Familie der Bienen, die in einer Gemeinschaft leben. Alle anderen Arten der Familie leben allein. Man nennt sie deshalb oft Wildbienen oder Solitärbienen, also einzeln lebende Bienen.

Wildbienen legen ihre Eier in selbst gegrabene oder in vorgefundene Höhlen. Dazu wird zuerst Futterbrei aus Pollen und Nektar in die Höhle eingetragen. Darauf legt das Weibchen ein Ei. Dann wird die Zelle mit einer Wand verschlossen. Wiederum wird Futterbrei eingetragen, ein Ei abgelegt und eine Wand gebaut. So wird Zelle um Zelle gebaut, bis die Höhle voll ist. Schlüpft die Larve, findet sie sofort etwas zum Fressen.

➤ 6 Beine
➤ 4 häutige Flügel

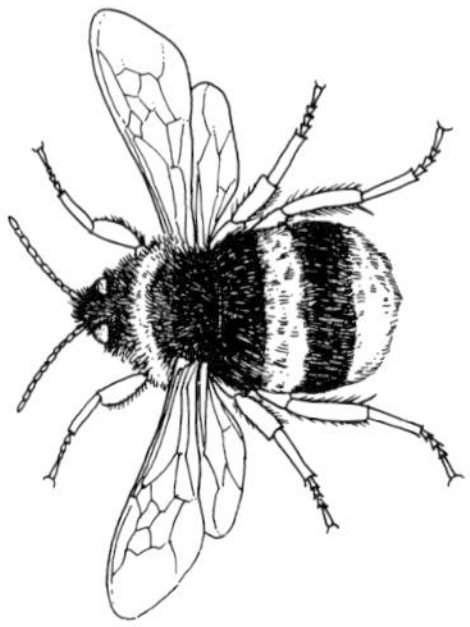

Mein Name ist: **Hummel**

Besondere Merkmale: **Hinterbeine verdickt, sie bilden einen Pollensammelapparat (= Körbchen), deshalb tragen sie an den Hinterbeinen oft ein dickes Pollenpaket, dicker, dicht behaarter Brummer, meist deutlich gestreift**

Ich ernähre mich von: **Pollen und Nektar**

Einordnung in das System	
Klasse	**Insekten**
Ordnung	**Hautflügler**
Familie	**Bienen**

In Deutschland kommen 550 Bienen-Arten vor.

Die Hummeln sind neben der Honigbiene die einzigen Vertreter aus der Familie der Bienen, die in einer Gemeinschaft leben. Alle anderen Arten der Familie leben allein. Hummeln besitzen wie die Bienen einen Wehrstachel. Im Gegensatz zu den Bienen stechen sie jedoch weniger gern.

Hummeln bauen meist unterirdische Nester. In einer Hülle aus Moos oder Gras bauen sie aus Wachs Zellen. In diese Zellen legt die Königin Eier. Die aus den Eiern schlüpfenden Larven werden von Arbeiterinnen mit Pollen und Nektar gefüttert. Einige Wachszellen werden mit einem Nahrungsvorrat aus Pollen und Nektar gefüllt.

Wenn ich

sechs Beine

und

vier häutige Flügel

habe und du mich bisher noch nicht zuordnen konntest,

dann gibt es verschiedene Möglichkeiten, was ich sein kann:

Sind die Flügel, wenn ich sitze, …

- ➤ **… flach über dem Körper ausgebreitet**, bin ich eine Art aus der großen Ordnung der Hautflügler.
- ➤ **… dachförmig über dem Köper**, bin ich vielleicht eine Art aus der Ordnung der Netzflügler oder, wenn ich schuppige Flügel habe, ein Kleinschmetterling.
- ➤ **… senkrecht über dem Körper zusammengeklappt**, bin ich vielleicht eine Kleinlibelle, die du versehentlich gefangen hast.
- ➤ Auf alle Fälle besitze ich sechs Beine und deshalb bin ich ein **Insekt!**

➤ **8 Beine**

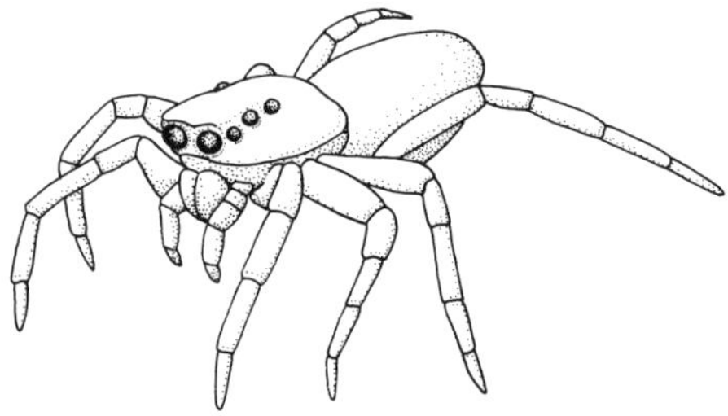

Mein Name ist: **Springspinne**

Besondere Merkmale: **vordere, mittlere Augen deutlich größer als die anderen Augen**

Ich ernähre mich von: **kleinen Tieren**

Einordnung in das System	
Klasse	**Spinnentiere**
Ordnung	**Webespinnen**
Familie	**Springspinnen**

In Deutschland kommen 77 Springspinnen-Arten vor.

Auffälligstes Merkmal der Springspinnen sind ihre großen vorderen Mittelaugen. Dadurch unterscheiden sie sich von allen anderen Webespinnen-Arten.

Springspinnen bauen keine Fangnetze, sondern sie sind aktive Jäger, die sich an ihre Beute heranpirschen und dann auf das Opfer springen und es überwältigen. Dieser Fangtechnik verdanken sie ihren Namen.

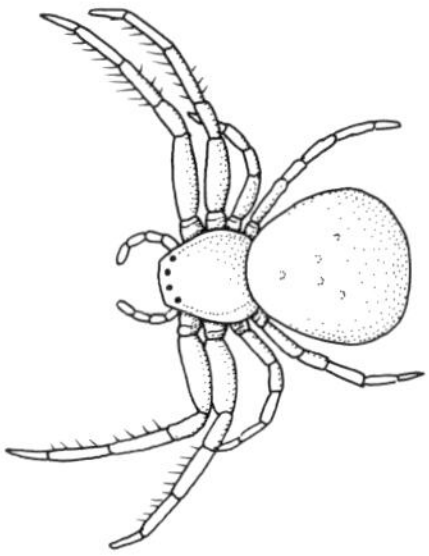

Mein Name ist: **Krabbenspinne**

Besondere Merkmale: **Beine in Ruhe seitwärts gerichtet, 1. und 2. Beinpaar deutlich länger und kräftiger als die hinteren Beinpaare**

Ich ernähre mich von: **kleinen Tieren**

Einordnung in das System	
Klasse	**Spinnentiere**
Ordnung	**Webespinnen**
Familie	**Krabbenspinnen**

In Deutschland kommen 48 Krabbenspinnen-Arten vor.

Weil die Krabbenspinne ihre kräftigen Vorderbeine seitwärts hält und die Vorderbeine auch deutlich länger sind als die Hinterbeine, erinnert sie im Aussehen an eine Krabbe. So kam die Spinne zu ihrem Namen. Krabbenspinnen bauen keine Fangnetze. Sie sitzen oft lange Zeit still, bis ein Beutetier ihnen so nahe kommt, dass sie es mit ihren Vorderbeinen packen können. Oft lauern sie auf Blüten farblich gut getarnt auf die Blütenbesucher. Die Veränderliche Krabbenspinne kann sogar ihre Körperfarbe zwischen Weiß und Gelb verändern, je nachdem ob sie auf einer weißen oder auf einer gelben Blüte auf Beute lauert.

➤ 8 Beine

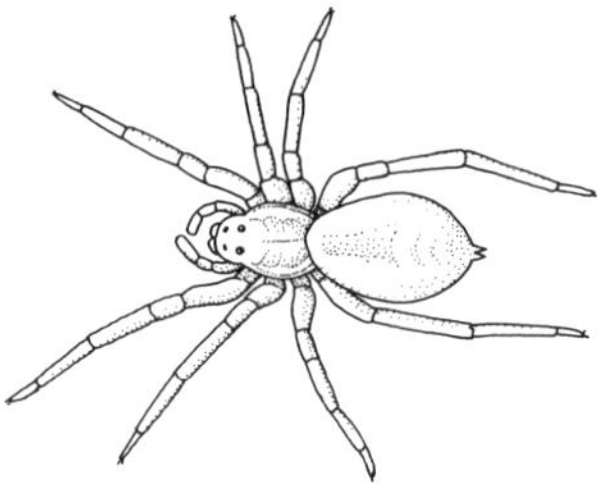

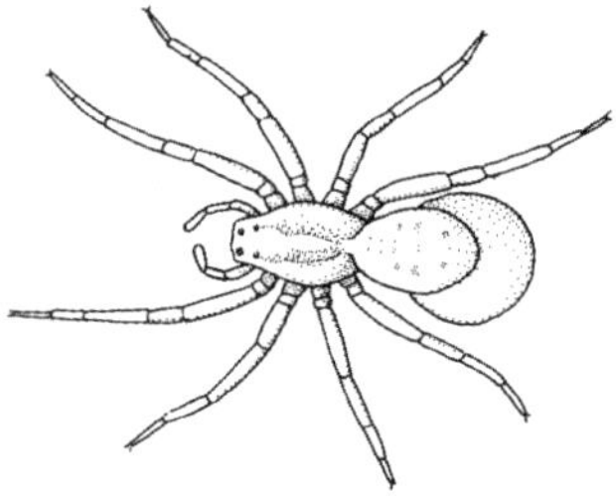

Weibchen mit Kokon

Mein Name ist: **Wolfspinne**

Besondere Merkmale: **mittleres und hinteres Augenpaar bilden ein Quadrat, die Weibchen tragen ihren Kokon an den Spinnwarzen angeheftet mit sich**

Ich ernähre mich von: **kleinen Tieren**

Einordnung in das System	
Klasse	**Spinnentiere**
Ordnung	**Webespinnen**
Familie	**Wolfspinnen**

In Deutschland kommen 75 Wolfspinnen-Arten vor.

Wolfspinnen sind überwiegend tagaktive, frei jagende Spinnen, die keine Fangnetze bauen. Ein sicheres Merkmal, um Wolfspinnen zu erkennen, ist ihre Augenstellung. Sie besitzen 8 Augen in 3 Reihen. In der ersten Reihe befinden sich 4 kleine Augen nebeneinander. Darüber befinden sich in einer zweiten Reihe 2 größere Augen und dahinter nochmals 2 Augen. Dabei bilden die mittleren und die hinteren Augen ein Quadrat.

Weil sie ihren Kokon mit sich tragen, sind die Wolfspinnenweibchen selbst aus großer Entfernung leicht zu erkennen. Der Kokon ist an den Spinnwarzen angeheftet. Wenn die Jungen aus dem Kokon schlüpfen, klettern sie ihrer Mutter auf den Rücken und werden von ihr mit herumgetragen.

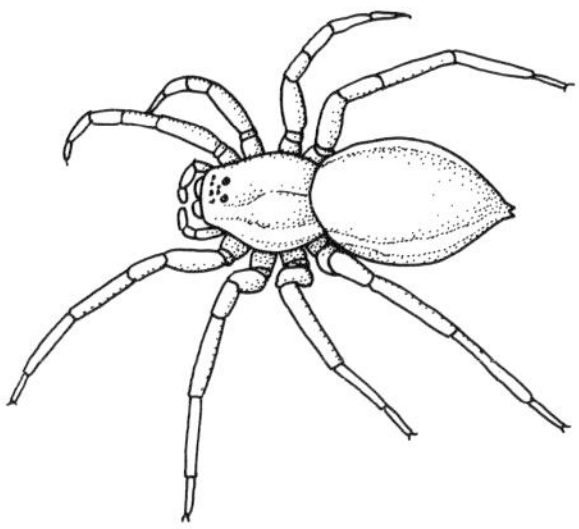

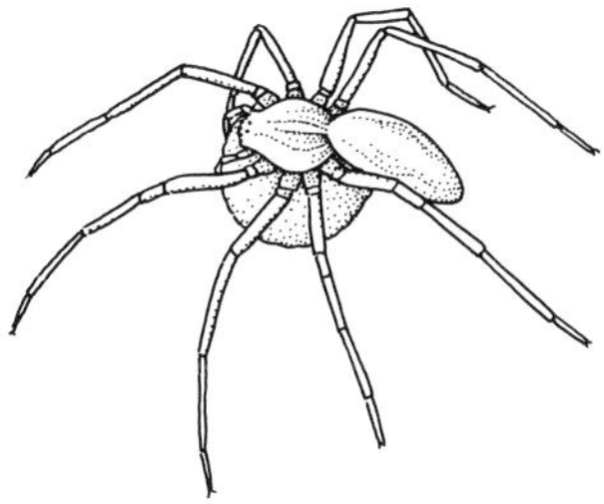

Weibchen mit Kokon

Mein Name ist: **Raubspinne**

Besondere Merkmale: **mittleres und hinteres Augenpaar bilden ein Trapez, die Weibchen tragen ihren Kokon mit den Mundwerkzeugen**

Ich ernähre mich von: **kleinen Tieren**

Einordnung in das System	
Klasse	**Spinnentiere**
Ordnung	**Webespinnen**
Familie	**Raubspinnen**

In Deutschland kommen 3 Raubspinnen-Arten vor.

Raubspinnen sind überwiegend tagaktive, frei jagende Spinnen, die keine Fangnetze bauen. Ein sicheres Merkmal, um Raubspinnen zu erkennen, ist ihre Augenstellung. Sie besitzen 8 Augen in 3 Reihen. In der ersten Reihe befinden sich 4 kleine Augen nebeneinander. Darüber befinden sich in einer zweiten Reihe 2 größere Augen und dahinter nochmals 2 Augen. Dabei bilden die mittleren und hinteren Augen ein Trapez.

Am leichtesten sind die Weibchen der Raubspinnen zu erkennen. Sie tragen ihren Kokon mit den Mundwerkzeugen. Kurz bevor die Jungen schlüpfen, weben sie ein kuppelförmiges Gespinst und hängen den Kokon darunter auf.

➤ 8 Beine

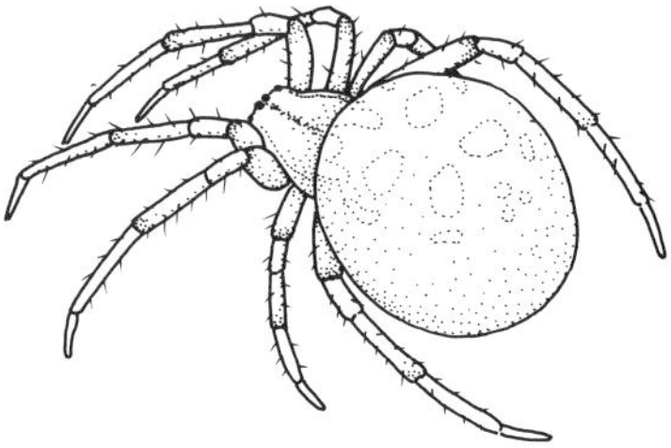

Mein Name ist: **Radnetzspinne**

Besondere Merkmale: **bauen die typischen Radnetze, Färbung und Zeichnung sehr unterschiedlich**

Ich ernähre mich von: **fliegenden Insekten**

Einordnung in das System	
Klasse	**Spinnentiere**
Ordnung	**Webespinnen**
Familie	**Radnetzspinnen**

In Deutschland kommen 48 Radnetzspinnen-Arten vor.

Radnetzspinnen bauen, wie ihr Name schon verrät, als Fanggewebe die typischen Radnetze. Einige der Radnetzspinnen sitzen ständig im Zentrum ihres Netzes, andere verstecken sich außerhalb. Ihr Versteck und ihr Netz sind über Fäden miteinander verbunden, so dass die Spinne merkt, wenn sich ein Beutetier im Netz verfangen hat.

Einige Radnetzspinnen lassen sich anhand der Zeichnung auf ihrem Hinterkörper leicht erkennen.

Beispiele:

Garten-Kreuzspinne

Vierfleck-Kreuzspinne

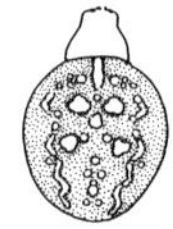

Eichenblatt-Radnetzspinne

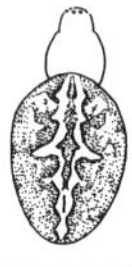

Kürbis-Radnetzspinne

Wespen-Radnetzspinne

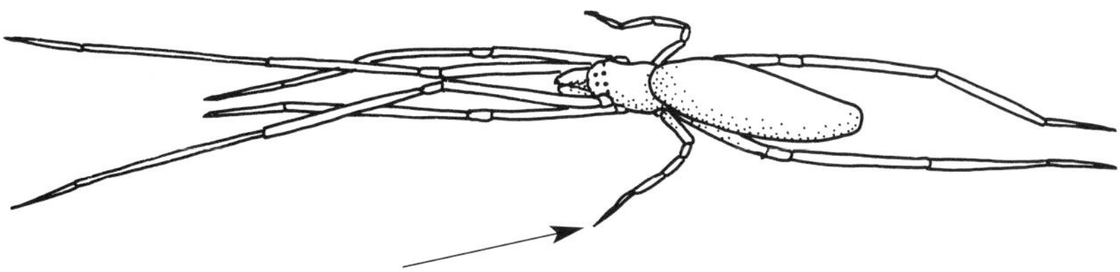

Mein Name ist: **Streckerspinne**

Besondere Merkmale: **Mundwerkzeuge sehr groß, Hinterkörper länglich, 1., 2. und 4. Beinpaar sehr lang, 3. Beinpaar deutlich kürzer** (→)

Ich ernähre mich von: **fliegenden Insekten**

Einordnung in das System	
Klasse	**Spinnentiere**
Ordnung	**Webespinnen**
Familie	**Streckerspinnen**

In Deutschland kommen 17 Streckerspinnen-Arten vor.

Auffälligstes Merkmal der Streckerspinnen sind ihre großen, kräftigen Mundwerkzeuge, die schräg nach vorn wegstehen. Wenn sie auf einem Gras oder einem Pflanzenstängel sitzen, strecken sie ihre Beine lang nach vorn und nach hinten aus. Damit sind sie auf dem Stängel gut getarnt. Dieser Eigenschaft verdanken sie auch ihren Namen.

➤ 8 Beine

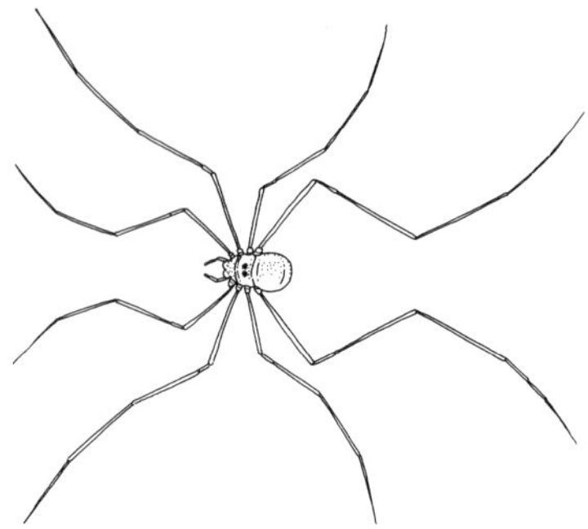

Mein Name ist: **Weberknecht**

Besondere Merkmale: **Vorderkörper und Hinterkörper gehen breit ineinander über, 2 Augen auf einer Erhebung, sehr lange Beine**

Ich ernähre mich von: **lebenden und toten Insekten**

Einordnung in das System	
Klasse	**Spinnentiere**
Ordnung	**Weberknechte**
Familie	**Echte Weberknechte**

In Deutschland kommen 30 Arten der Echten Weberknechte vor.

Echte Weberknechte besitzen bemerkenswerte Beine. Um sicheren Halt an Pflanzen zu finden, wickeln sie ihre langen Beine wie ein Seil um die Stängel der Pflanze. Einige Weberknechte fangen vorbeifliegende Insekten mit ihren langen Beinen direkt aus der Luft. Außerdem können sie ihre Beine leicht abwerfen, was manchem Weberknecht das Leben rettet, wenn er von einem Angreifer gepackt wird.

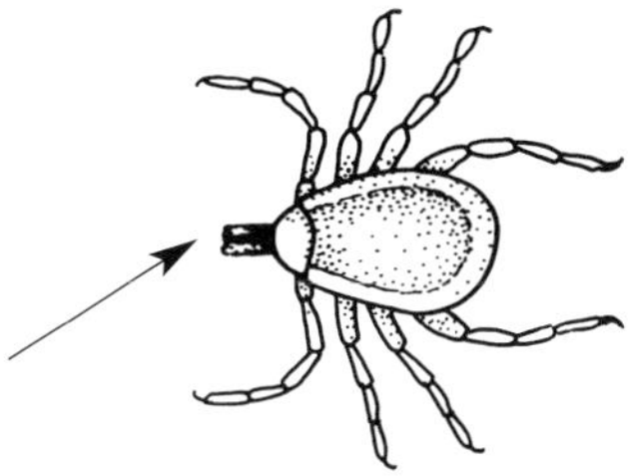

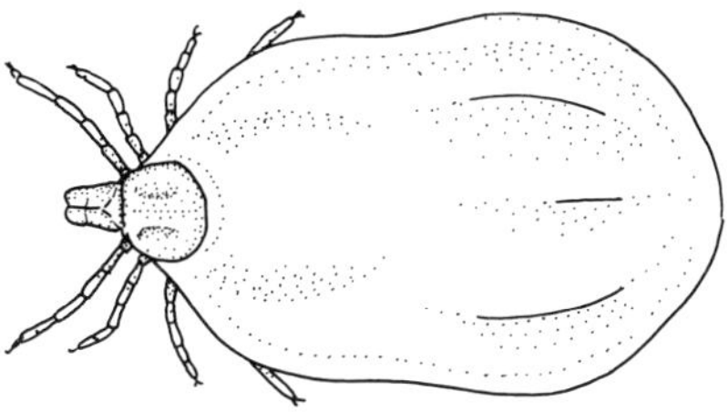

Mit Blut vollgesaugte Zecke

Mein Name ist: **Zecke**

Besondere Merkmale: **vorstehender Saugrüssel** (→), **dunkles Rückenschild**

Ich ernähre mich von: **Blut**

Einordnung in das System	
Klasse	**Spinnentiere**
Ordnung	**Milben**
Familie	**Zecken**

In Deutschland kommen 29 Zecken-Arten vor.

Hungrige Zecken sitzen an Halmen, Stängeln oder Zweigspitzen und strecken ihre Vorderbeine in die Luft. An der Beinspitze befindet sich ein Geruchsorgan, mit dem sie ihre Wirtstiere riechen können. Nähert sich ein geeigneter Wirt, lassen sie sich auf ihn fallen oder das Opfer streift die Zecken selber unbemerkt von der Pflanze. Hat die Zecke eine geeignete Stelle am Körper des Wirtes gefunden, bohrt sie sich mit ihren Mundwerkzeugen in die Haut ein und saugt Blut. Dabei übertragen Zecken gefährliche Krankheiten auf den Menschen. Nach Wald- und Wiesenexkursionen sollte man sich unbedingt nach Zecken absuchen. Hat sich eine Zecke bereits festgesetzt, sollte zur Entfernung ein Arzt aufgesucht werden.

➤ 8 Beine

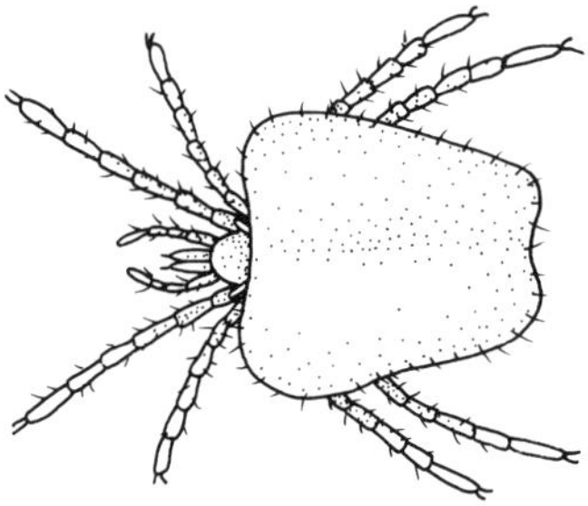

Mein Name ist: **Milbe**

Besondere Merkmale: **sehr kleiner Achtbeiner mit kurzen Beinen, sehr vielgestaltig**

Ich ernähre mich von: **pflanzlichen und tierischen Stoffen**

Einordnung in das System	
Klasse	**Spinnentiere**
Ordnung	**Milben**

In Deutschland kommen 2600 Milben-Arten vor.

Milben sind eine sehr große Gruppe innerhalb der Spinnentiere. Sie sind sehr vielgestaltig und kommen in allen möglichen Lebensräumen vor. Einige ernähren sich von pflanzlichen Stoffen, andere sind aktive Jäger und manchen leben als Parasiten. Die Bestimmung von Milben ist sehr schwierig und nur von Spezialisten möglich.

Gelegentlich finden wir an unseren gesammelten Insekten festgesaugte rote Milben. Hierbei handelt es sich um Jugendstadien der roten Samtmilbe, die als Parasiten an Insekten leben. Besonders oft finden wir sie an Heuschrecken. Die ausgewachsenen Samtmilben leben dagegen frei und jagen am Boden andere, meist noch kleinere Tiere.

Wenn ich

acht Beine

habe und du mich bisher noch nicht zuordnen konntest,

dann bin ich vielleicht eine Webespinne,
ein Weberknecht oder eine Milbe.

➤ Auf alle Fälle besitze ich acht Beine und deshalb bin ich ein **Spinnentier**!

➤ **mehr als 8 Beine**

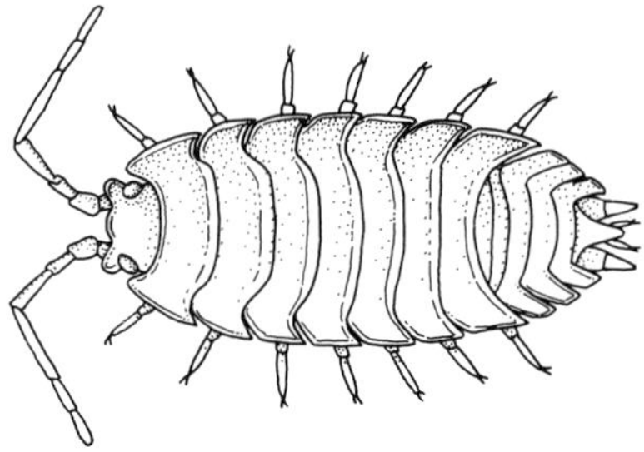

Mein Name ist: **Assel**

Besondere Merkmale: **Körper gegliedert,**
pro Körperglied 1 Beinpaar,
insgesamt 7 Beinpaare

Ich ernähre mich von: **abgestorbenen Pflanzen**

Einordnung in das System	
Klasse	**Krebstiere**
Ordnung	**Asseln**
Familie	**Landasseln**

In Deutschland kommen 51 Landassel-Arten vor.

So verwunderlich es auch klingt: Asseln gehören zu den Krebstieren. Landasseln sind die einzigen Krebstiere, die in großer Artenzahl Lebensräume an Land besiedeln. Alle Krebse haben 2 Paar Fühler. Allerdings ist bei Asseln das erste Fühlerpaar meist sehr kurz und deswegen nicht zu sehen.

Der Vorderkörper der Landasseln besteht aus 7 ungefähr gleich großen Körpergliedern, die je 1 Paar Laufbeine tragen. Der Hinterkörper besteht aus 5 kleineren Gliedern. Sie tragen paarige Atemorgane.

Da sich Landasseln fast ausschließlich von abgestorbenem pflanzlichem Material ernähren, spielen sie im Kreislauf der Natur bei der Zersetzung von Laub oder auch auf dem Komposthaufen eine wichtige Rolle.

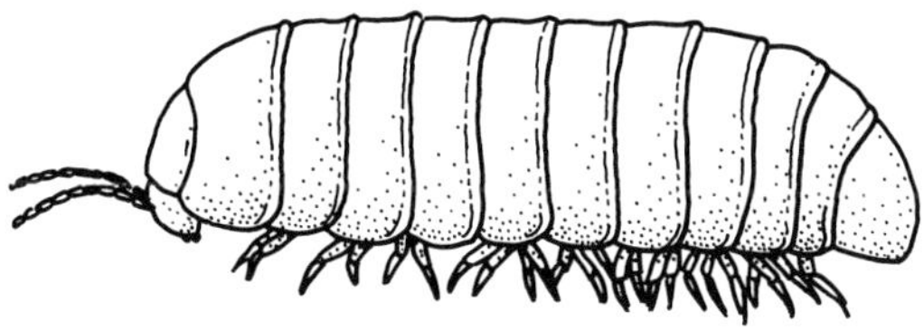

Mein Name ist: **Saftkugler**

Besondere Merkmale: **Körper gegliedert, pro Körperglied 2 Beinpaare, schützt sich durch Einrollen**

Ich ernähre mich von: **abgestorbenen Pflanzen**

Einordnung in das System	
Klasse	**Tausendfüßer**
Ordnung	**Doppelfüßer**
Familie	**Saftkugler**

In Deutschland kommen 11 Saftkugler-Arten vor.

Auf den ersten Blick sehen Saftkugler wie Asseln aus. Bei näherer Betrachtung fällt aber auf, dass Saftkugler auf jedem Körperglied 2 Beinpaare besitzen. Damit unterscheiden sie sich von den Asseln und gehören innerhalb der Tausendfüßer in die Ordnung der Doppelfüßer.

Bei Gefahr rollen sich Saftkugler zu einer vollständig geschlossenen Kugel zusammen und geben eine Wehrflüssigkeit ab. Daher kommt auch ihr Name.

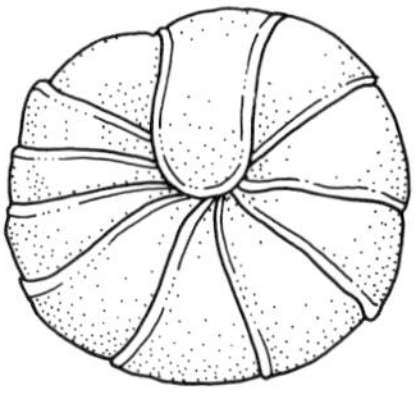

Da sich Saftkugler ausschließlich von abgestorbenem pflanzlichem Material ernähren, spielen sie im Kreislauf der Natur bei der Zersetzung von Pflanzen eine wichtige Rolle.

mehr als 8 Beine

➤ mehr als 8 Beine

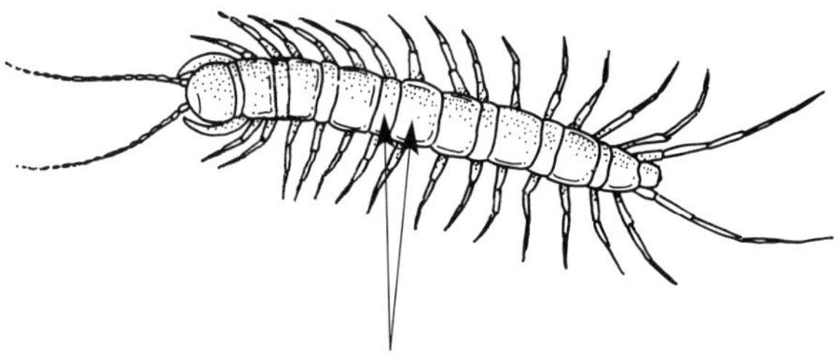

Mein Name ist: **Steinläufer**

Besondere Merkmale: **Körper geringelt,**
Körperringe *verschieden* groß (→),
an jedem Körperring nur 1 Beinpaar,
höchstens 15 Beinpaare

Ich ernähre mich von: **Spinnen, Asseln und kleinen Insekten**

Einordnung in das System	
Klasse	**Tausendfüßer**
Ordnung	**Hundertfüßer**
Familie	**Steinläufer**

In Deutschland kommen 32 Steinläufer-Arten vor.

Die Namensgebung bei den Tausendfüßern ist etwas verwirrend. Wegen ihrer vielen Beine wurde die ganze Klasse Tausendfüßer genannt, obwohl kein Tausendfüßer tatsächlich 1000 Beine hat. Innerhalb der Tausendfüßer gibt es die Ordnung der Hundertfüßer – und da gibt es einige, die haben sogar mehr als 100 Beine! Steinläufer besitzen nur 30 Beine! Sie laufen auch nicht nur auf Steinen herum. Sie verstecken sich tagsüber gern unter Steinen und unter Rinde.

Bei den Steinläufern sind die Körperglieder verschieden groß. Das 1. beintragende Körperglied ist kleiner als das 2. Segment. Das 3. ist wieder kleiner, das 4. größer, 5 klein, 6 groß, 7 klein. Das 8. und das 9. sind gleich groß, erst das 10. ist wieder kleiner.

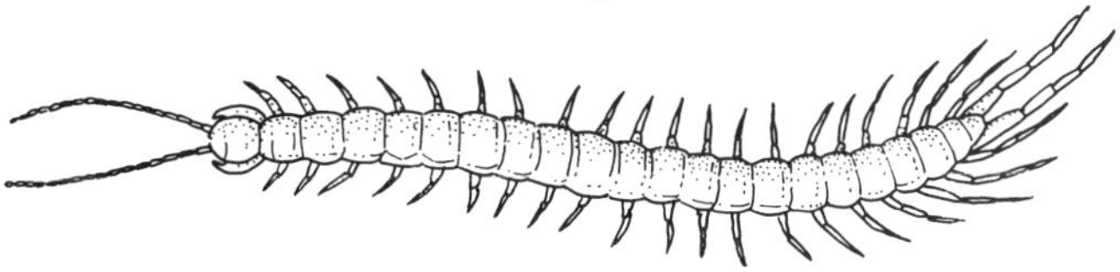

Mein Name ist: **Erdläufer**

Besondere Merkmale: **Körper geringelt,**
Körperringe *gleich* groß,
an jedem Körperring nur 1 Beinpaar,
über 20 Beinpaare

Ich ernähre mich von: **kleinen Regenwürmern und anderen Bodentieren**

Einordnung in das System	
Klasse	**Tausendfüßer**
Ordnung	**Hundertfüßer**
Familie	**Erdläufer**

In Deutschland kommen 18 Erdläufer-Arten vor.

Die Namensgebung bei den Tausendfüßern ist etwas verwirrend. Wegen ihrer vielen Beine wurde die ganze Klasse Tausendfüßer genannt, obwohl kein Tausendfüßer tatsächlich 1000 Beine hat. Innerhalb der Tausendfüßer gibt es die Ordnung der Hundertfüßer – und da gibt es einige, die haben sogar mehr als 100 Beine! Nur die Erdläufer tragen den Namen Hundertfüßer zu Recht, weil die meisten von ihnen zwischen 80 und 150 Beine besitzen.

Erdläufer sind Bodentiere und graben sich teilweise sogar in den Boden ein. Auch unter Steinen verstecken sie sich gern.

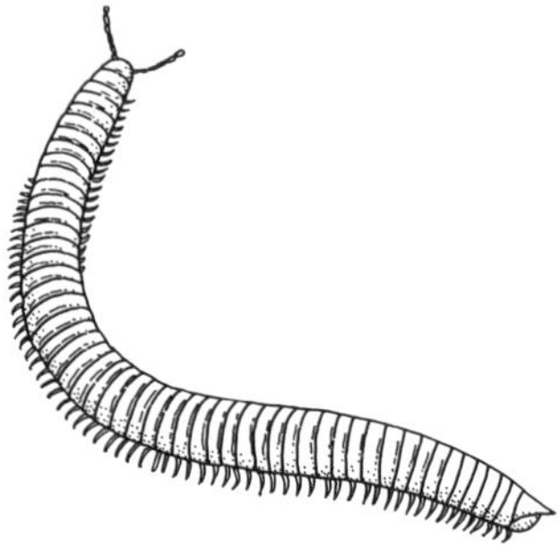

Mein Name ist: **Schnurfüßer**

Besondere Merkmale: **Körper geringelt, Körperringe gleich groß, ab dem 4. Körperglied an jedem Körperglied 2 Beinpaare**

Ich ernähre mich von: **abgestorbenen Pflanzen und auch von toten Tieren**

Einordnung in das System	
Klasse	**Tausendfüßer**
Ordnung	**Doppelfüßer**
Familie	**Schnurfüßer**

In Deutschland kommen 48 Schnurfüßer-Arten vor.

Bei den Schnurfüßern tragen die ersten drei Körperglieder 1 Beinpaar, alle anderen Körperglieder besitzen 2 Beinpaare. Der langgestreckte Körper ist rund und besteht aus mindestens 30 Körpergliedern. Manche Schnurfüßer besitzen bis zu 70 Körperringe.

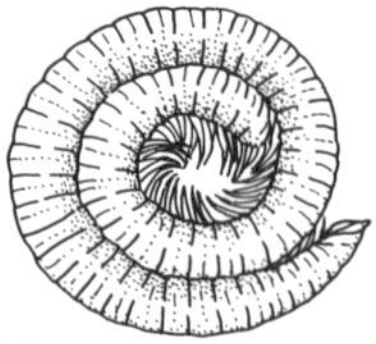

Bei Gefahr rollen sich Schnurfüßer zu einer Spirale zusammen, um ihre empfindlichen Beine zu schützen.

Schnurfüßer sind langsame und lichtscheue Tiere, die sich überwiegend von verrottenden Pflanzen ernähren. Damit spielen sie im Kreislauf der Natur bei der Zersetzung von Pflanzen (Laub) und bei der Bildung von Humus eine wichtige Rolle.

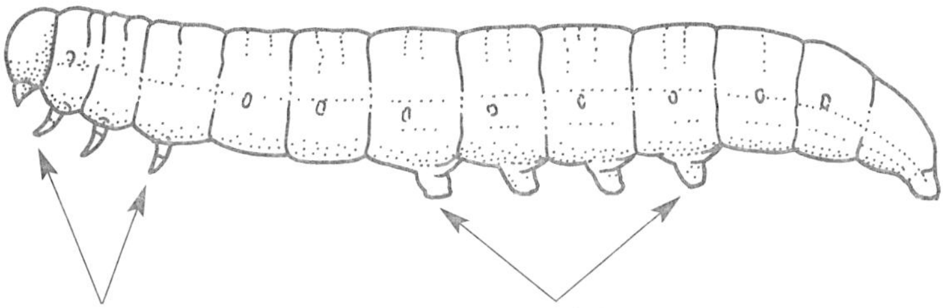

Mein Name ist: **Schmetterlingsraupe**

Besondere Merkmale: **Färbung sehr unterschiedlich, aber immer 3 Paar gegliederte Brustbeine und 4–5 Paar Bauchfüße**

Ich ernähre mich von: **Pflanzen**

Einordnung in das System	
Klasse	**Insekten**
Ordnung	**Schmetterlinge**

In Deutschland kommen 3602 Schmetterling-Arten vor.

Die Raupen der Schmetterlinge sind sehr unterschiedlich gefärbt und sehen auch sehr unterschiedlich aus. Sie besitzen jedoch immer 3 Paar Brustbeine und 4 bis 5 Paar Bauchfüße.

➤ mehr als 8 Beine

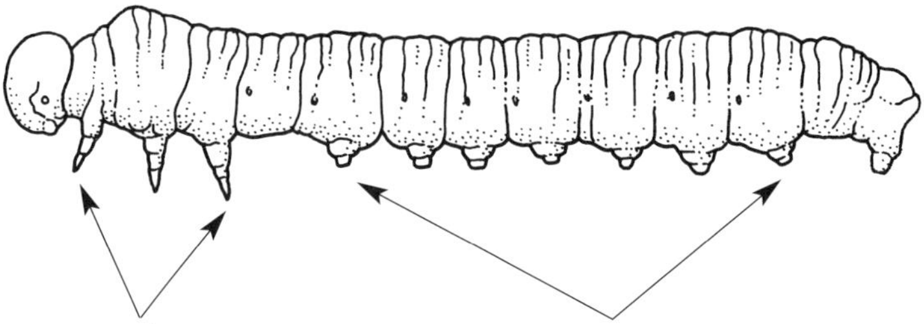

Mein Name ist: **Blattwespenlarve**

Besondere Merkmale: **Färbung sehr unterschiedlich, aber immer 3 Paar gegliederte Brustbeine und mehr als 5 Paar Bauchfüße**

Ich ernähre mich von: **Pflanzen**

Einordnung in das System	
Klasse	**Insekten**
Ordnung	**Hautflügler**
Familie	**Blattwespen**

In Deutschland kommen 541 Blattwespen-Arten vor.

Die Larven der Blattwespen sind sehr unterschiedlich gefärbt und sehen auch sehr unterschiedlich aus. Sie besitzen jedoch immer 3 Paar Brustbeine und mehr als 5 Paar Bauchfüße. Einige von ihnen können durch ihren Fraß an Nutzpflanzen großen Schaden anrichten.

Wenn ich

mehr als acht Beine

habe und du mich bisher noch nicht zuordnen konntest,

dann heißt es Beine zählen!

- ➤ Habe ich **mehr als 9 Beinpaare**, gehöre ich auf alle Fälle in die **Klasse der Tausendfüßer**.
- ➤ Habe ich nur **7 Beinpaare**, dann gehöre ich in die **Ordnung der Asseln** aus der **Klasse der Krebstiere**.
- ➤ Habe ich **3 Paar gegliederte Brustbeine** und **höchstens 5 Paar Bauchfüße**, dann bin ich eine Schmetterlingsraupe und gehöre in die Klasse der Insekten.
- ➤ Habe ich **3 Paar gegliederte Brustbeine** und **mehr als 5 Paar Bauchfüße**, dann bin ich eine Blattwespenlarve und gehöre in die Klasse der Insekten.

5. Leider unentbehrlich: Kleine zoologische Systematik für Nichtbiologen

Verwirrende Vielfalt

Auf Wiesen finden wir Schnecken, Würmer, Spinnen, Krebse, Tausendfüßer und Insekten. Wir erfahren beim Bestimmen, dass Asseln zu der Klasse der Krebse gehören und dass die Webespinnen eine Ordnung der Klasse der Spinnentiere sind. Mit Erstaunen stellen wir fest, dass Florfliegen keine Fliegen sind. Fliegen gehören innerhalb der Klasse Insekten in die Ordnung der Zweiflügler, da sie nur zwei Flügel haben. Florfliegen besitzen 4 Flügel und gehören in die Ordnung der Netzflügler und bilden hier die Familie der Florfliegen.

Klasse? Ordnung? Familie? – Was ist das?

Wie schafft man Ordnung?

Was den interessierten Naturfreund zunächst verwirrt, hilft dem Biologen, rasch Ordnung in die Vielfalt zu bringen. Nicht nur das, er kann auch mit dem Wissen, was sich beispielsweise hinter dem Begriff „Ordnung Käfer" versteckt, quasi als Eselsbrücke, gleich typische Merkmale für die Käfer ableiten. Und diese gelten überall auf der ganzen Welt! Das erleichtert die Sache ungemein! Daher ist es sinnvoll, dass wir uns etwas mit der zoologischen Systematik befassen.

Tiere haben Namen

Unsere steinzeitlichen Vorfahren waren hervorragende Kenner der Natur. Das war zwangsläufig der Fall, weil sie in und von der Natur lebten. Da sie sich am Feuer Jagdgeschichten erzählten und ihre Erfahrungen weitergaben, hatten sie mit Sicherheit Namen für Pflanzen und Tiere. Dabei teilten sie Pflanzen und Tiere in bestimmte Gruppen ein: essbar, nicht essbar, schmeckt gut, essbar - aber schmeckt nicht gut, gefährlich, nicht gefährlich, groß, klein usw. Pflanzen und Tieren wurden also Namen gegeben und auf Grund bestimmter Eigenschaften in vom Menschen geschaffenen Gruppen zusammengefasst, sie wurden klassifiziert!

Tiere kann man nach bestimmten Merkmalen ordnen

Der griechische Gelehrte Aristoteles, er lebte 384–322 v. Chr., beobachtete die Tiere in seiner Heimat, verglich sie miteinander und schrieb: „Tiere können nach ihrer Beschaffenheit und nach ihren Körperteilen gekennzeichnet werden."[3] So teilte er beispielsweise die Tiere, welche wir heute Insekten nennen, in verschiedene Gruppen ein: Insekten mit Flügeln, Insekten ohne Flügel, Insekten mit beißenden Mundwerkzeugen und Insekten mit stechenden Mundwerkzeugen. Dabei belegte er bestimmte Gruppen mit Namen. Die heute noch gültige wissenschaftliche Bezeichnung für Käfer = Coleoptera stammt von ihm. Er hatte festgestellt, dass bei Käfern die zarten, häutigen Flügel, mit denen der Käfer

3 Zitiert nach: Mayr, E. (1975): Grundlagen der Zoologischen Systematik. Hamburg und Berlin: Parey. S. 57.

fliegt, unter dicken Schutzflügeln (= Deckflügel) verborgen sind. Aus den griechischen Wörtern „cole“ = „Scheide des Schwerts“ und „pter“ = „Flügel“, leitete er den Namen „Coleoptera“ für die Käfer ab. Käfer sind also Insekten, bei denen die häutigen Flügel in einer Scheide stecken.

Verschiedene Ordnungssysteme

Im Lauf der Zeit wurden immer mehr Tiere entdeckt und von den Wissenschaftlern nach ihren Körpermerkmalen beschrieben, dadurch von anderen ähnlichen Tieren unterschieden und schließlich in ein Ordnungssystem eingereiht. Verschiedene Wissenschaftler benutzen dabei oft unterschiedliche Systeme.

Ein Ordnungssystem

Der schwedische Naturforscher Carl von Linné veröffentlichte 1758 ein Buch mit dem Titel „Das System der Natur“. In diesem Buch benutzte er ein neues System, um die ihm damals bekannten Tiere zu ordnen. Linné führte zur Klassifizierung der Tiere die Kategorien **Art, Gattung, Ordnung** und **Klasse** ein. Dieses System wird heute im Grundprinzip immer noch benutzt. Nachdem aber immer mehr Tiere beschrieben wurden, reichte das Ordnungssystem von Linné nicht mehr aus und es wurden neue Gliederungsebenen eingeführt. Wichtig für uns sind die Kategorien **Familie** und **Stamm**. Die Familie wurde zwischen Gattung und Ordnung gestellt. Der Stamm ist die höchste Gliederungsebene. Daraus ergibt sich folgendes System: **Art – Gattung – Familie – Ordnung – Klasse – Stamm.**

Art

Was ist eine Art?

Grundlage des von Linné eingeführten Systems ist die **Art**. Das ist die niedrigste und von der Natur vorgegebene Kategorie, nämlich das Tier, das wir in der Natur finden. Während früher die Art nur auf Grund von Körpermerkmalen definiert wurde, hat sich im Lauf der Zeit der „biologische Artbegriff“ durchgesetzt. Demzufolge bilden alle Tiere eine Art, die sich miteinander fortpflanzen können und deren Nachkommen wieder Nachkommen haben. Eine Art ist also eine Gruppe bestimmter Tiere, die eine Fortpflanzungsgemeinschaft bilden. Das bedeutet auch, dass sich Mitglieder einer Art untereinander als Artgenossen erkennen. Wie das Erkennen der Artgenossen untereinander funktioniert, darüber haben Verhaltensforscher viele Bücher geschrieben.

Gattung

Mehrere Arten bilden eine Gattung

Mehrere ähnliche Arten werden zu einer **Gattung** zusammengefasst. Da sich Löwe, Tiger, Panther (= Leopard) und Jaguar sehr ähnlich sind, werden sie zu einer Gattung zusammengefasst. Um das zu verdeutlichen, hat Linné jedem Tier einen „Vornamen“ (= 1. Name) und einen „Nachnamen“ (= 2. Name) gegeben. Der Vorname sagt, in welche Gattung das Tier gehört. Der Nachname gibt an, um welche Art es sich handelt. Der 1. Name ist also der Gattungsname, der 2. Name ist der Artname. Tiere und auch Pflanzen besitzen deshalb wissenschaftlich immer zwei Namen. Da zur Zeit Linnés die Sprache der Wissenschaftler Latein war, bestehen sie meist aus lateinischen oder manchmal auch aus griechischen Wörtern oder Wortelementen. Die Gattungen wurden gelegentlich nach besonderen, für die Gattung typischen Tieren benannt. Die Gattung, in welche Linné Löwe, Tiger, Panther und Jaguar stellte, benannte er nach dem Panther. Also heißt die Gattung Panthera. Der Löwe (lateinisch = leo) heißt folglich mit „richtigem Namen“ Panthera leo, der Tiger Panthera tigris und der Panther heißt Panthera pardus. Auf Deutsch wird die Gattung Panthera als Gattung der „Großkatzen“ bezeichnet. Da der Puma deutlich kleiner ist als die Genannten und sich auch in anderen Merkmalen unterscheidet, wurde er in eine andere Gattung gestellt, nämlich die Gattung Puma. Er heißt mit vollem Namen Puma concolor. Auch der Gepard bildet eine eigene Gattung, die wissenschaftlich Gattung Acinonyx lautet. Der Gepard heißt somit wissenschaftlich Acinonyx jubatus.

Familie

Mehrere Gattungen bilden eine Familie

Mehrere Gattungen werden zu einer **Familie** zusammengefasst. Die Gattungen Großkatzen (mit Löwe, Tiger, Leopard), Puma und Gepard bilden die Familie der Katzenartigen, wissenschaftlich als Familie Felidae bezeichnet. In die Familie der Felidae gehören außer den genannten Arten noch die Luchse, der Ozelot und einige andere Arten einschließlich der Wildkatze. Eine Familie erkennen wir meist daran, dass der wissenschaftliche Name die Endung „-idae“ trägt.

Die Übersicht verdeutlicht die Einordnung der genannten Beispiele in das System der Familie Felidae.

<table>
<tr><th>Familie</th><th>Gattung</th><th>Art</th><th>deutscher Name</th></tr>
<tr><td rowspan="10">Felidae – Katzenartige</td><td>Felis</td><td>sylvestris</td><td>Wildkatze</td></tr>
<tr><td>Leopardus</td><td>pardalis</td><td>Ozelot</td></tr>
<tr><td>Puma</td><td>concolor</td><td>Puma</td></tr>
<tr><td>Lynx</td><td>lynx</td><td>Luchs</td></tr>
<tr><td rowspan="4">Panthera</td><td>leo</td><td>Löwe</td></tr>
<tr><td>tigris</td><td>Tiger</td></tr>
<tr><td>pardus</td><td>Panther = Leopard</td></tr>
<tr><td>ocna</td><td>Jaguar</td></tr>
<tr><td>Acinonyx</td><td>jubatus</td><td>Gepard</td></tr>
</table>

Ordnung

Mehrere Familien werden zu einer **Ordnung** zusammengefasst. Die Familie der Katzenartigen gehört zu der Ordnung der Raubtiere oder Carnivora, was übersetzt soviel wie „Fleischfresser" bedeutet. Zu den Carnivora werden auch die Familien der Hundeartigen (= Canidae), der Bären (= Ursidae), der Marderartigen (= Mustelidae) und einige andere gezählt. Sie alle besitzen einige gemeinsame Merkmale, die ihre Zugehörigkeit zu dieser Ordnung bestätigt. Bei allen Mitgliedern der Ordnung Carnivora ist beispielsweise die Anordnung der Schneide- und Eckzähne im Gebiss gleich.

Mehrere Familien bilden eine Ordnung

Die folgende Tabelle verdeutlicht anhand einiger Beispiele die Einordnung der Familien in die Ordnung der Carnivora. Bei Gattung und Art ist jeweils nur ein Beispiel genannt.

Die Ordnung der Raubtiere

Ordnung	Familie	Gattung	Art	deutscher Name
Carnivora – Raubtiere	Canidae – Hundeartige	Canis	lupus	Wolf
	Ursidae – Bären	Ursus	arctos	Braunbär
	Procyonidae – Kleinbären	Procycon	lotor	Waschbär
	Mustelidae – Marderartige	Martes	foina	Steinmarder
	Viveridae – Schleichkatzenartige	Genetta	genetta	Kleingefleckte Schleichkatze
	Hyaenidae – Hyänenartige	Hyaena	hyaena	Streifenhyäne
	Felidae – Katzenartige	Panthera	leo	Löwe

Klasse

Die Raubtiere besitzen ein Fell und sie säugen ihre Jungen. Die Merkmale „Fell" und „Junge säugen" treffen noch auf andere Tiere zu, wie z. B. Kühe, Hasen, Elefanten. Sie bilden jeweils eigene Ordnungen. Da sie gemeinsame Merkmale besitzen, werden diese Ordnungen zur **Klasse** der Säugetiere zusammengefasst. Für den Löwen ergibt sich daraus die folgende systematische Einordnung:

Mehrere Ordnungen bilden eine Klasse

Klasse	Ordnung	Familie	Gattung	Art
Säugetiere	Raubtiere	Katzenartige	Panthera	leo

Stamm

Alle Arten der Klasse der Säugetiere, aber auch die Klassen der Vögel, Reptilien, Amphibien und Fische besitzen eine Wirbelsäule. Deshalb werden diese Klassen zum **Stamm** der Wirbeltiere zusammengefasst.

Mehrere Klassen bilden einen Stamm

Der Stamm der Wirbeltiere

Für den Stamm der Wirbeltiere ergibt sich daraus die folgende systematische Eingruppierung. Dabei sind als Beispiele jeweils typische Arten genannt.

Stamm	Klasse	Ordnung	Familie	Gattung	Art	Beispiel
Wirbeltiere	Säugetiere	Raubtiere	Katzenartige	Panthera	leo	Löwe
	Vögel	Singvögel	Starenartige	Sturnus	vulgaris	Star
	Reptilien	Schlangen	Ottern	Vipera	berus	Kreuzotter
	Amphibien	Froschlurche	Frösche	Rana	temporaria	Grasfrosch
	Knochenfische	Heringsartige	Lachse	Salmo	trutta	Forelle

Was ist „der Marienkäfer"?

Was ist was?

Bei den Säugetieren ist das System noch leicht überschaubar. Hier haben wir noch den Überblick und wissen, „der Löwe" ist eine Art. Bei den kleinen Krabbeltieren wie Insekten, Spinnen oder anderen ist es schon schwieriger. Ein Beispiel soll dies verdeutlichen. Wir kennen alle „den Marienkäfer" und denken, „der Marienkäfer" ist eine Art. Schauen wir in einem wissenschaftlichen Bestimmungs- oder Systematikbuch nach, stellen wir fest, dass „der Marienkäfer" keine Art ist, sondern dass „der Marienkäfer" den Rang einer Familie hat. Und innerhalb der Familie gibt es bei uns in Deutschland mehrere Gattungen mit insgesamt 78 verschiedenen Marienkäfer-Arten. Damit hat die Aussage „der Marienkäfer" einen anderen Informationsgehalt als die Aussage „der Löwe". Erst der Siebenpunkt-Marienkäfer ist eine Art.

Ordnung oder Familie?

Es ist wichtig zu wissen, ob es sich bei dem im Bestimmungsteil angegebenen Namen um einen Ordnungs- oder Familiennamen handelt. Die damit verbundene Information ist verschieden. Genau so unterschiedlich, wie wenn ich mitteile, dass ich ein Auto habe. Etwas genauer ist die Information: „Ich fahre einen Opel!" und noch mehr Informationsgehalt hat dagegen die Aussage: „Ich fahre einen Opel Astra Caravan."
Damit wir bei unseren Tieren im Bestimmungsteil immer wissen, auf welchem Niveau wir uns im System befinden, habe ich die Tiere auf den Steckbriefen jeweils in das System eingeordnet. Da wir unsere Tiere meist nur bis auf Familienniveau bestimmen können, genügen dabei die Angaben Klasse, Ordnung, Familie. Nur in seltenen Fällen kommen wir bis zur Gattung oder Art. Dies ist dann vermerkt.

Systematik ist nicht schwer!

Da sich im Lauf der Zeit herausstellte, dass die oben genannten systematischen Kategorien nicht mehr ausreichten, um die Vielzahl an beschriebenen Tieren in das System der Tiere einzuordnen, wurden weitere Ebenen in das System eingeführt. Unter die Ordnung wurde eine

Unterordnung gestellt. Über die Familie eine Überfamilie oder darunter eine Unterfamilie usw. Um die Einordnung übersichtlich zu halten, habe ich mich manchmal nicht genau an die strenge wissenschaftliche Systematik gehalten. Das hat für den praktischen Umgang und für das Kennenlernen der Tiere keine Bedeutung, zumal sich Fachleute manchmal auch nicht einig sind, ob die fragliche Gruppe als Ordnung oder als Unterklasse geführt werden soll. Aber Fachleute könnten mir, je nachdem welches System sie bevorzugen, dies als Fehler auslegen, deshalb soll es hier erwähnt werden. Wer sich tiefer mit der Systematik der Tiere befasst, wird diese Unschärfen bemerken. Wer diese dann entdeckt, der hat bereits etwas gelernt und hat die Scheu vor der Systematik verloren! Und genau das ist der Zweck dieses Kapitels.

Deutsche Namen – wissenschaftliche Namen

Nicht alle Tiere haben einen deutschen Namen

Zum Schluss soll noch ein Problem angesprochen werden, das manchmal für Verwirrung sorgt und sich wie ein roter Faden auch durch dieses Kapitel zieht: der Name – deutsch oder wissenschaftlich. Viele, aber bei weitem nicht alle Tiere, die in Deutschland vorkommen, tragen einen deutschen Namen. Deutsche Namen tragen meist große und auffällige Tiere. Das gilt für die meisten Wirbeltiere. Hier tragen fast alle Arten einen deutschen Artnamen (z. B. Grasfrosch), viele einen Gattungsnamen (z. B. Frosch). Für Familien oder Ordnungen gibt es aber kaum eigene deutsche Namen. Man behilft sich dann oft mit dem Anhang „-artige", wie beispielsweise bei der Familie der Katzenartigen (Fam. Felidae).

Ist der deutsche Name Artname, Familienname oder Ordnungsname?

Auch viele Insekten, Spinnen oder Schnecken tragen einen deutschen Artnamen. Einige Beispiele sind oben genannt. Die meisten der kleinen Krabbler und Kriecher tragen weder einen deutschen Artnamen noch einen deutschen Familiennamen, höchstens einen deutschen Ordnungsnamen. Von den 6492 verschiedenen Käfer-Arten, die in Deutschland vorkommen, haben nur die wenigsten einen deutschen Artnamen. Sie haben zumindest einen deutschen Familiennamen. Weiter oben haben wir schon erfahren, dass „der Marienkäfer" kein Artname, sondern der Name einer ganzen Käferfamilie ist. Gleiches gilt für Laufkäfer, Blattkäfer, Schnellkäfer usw. Der Name „Käfer" ist der Ordnungsname. Manche deutschen Ordnungsnamen sind nach einer Familie benannt. Damit das dann zu keiner Verwechslung zwischen Ordnung und Familie führt, stellt man dem deutschen Namen oft das Wort „Echte" davor, wie beispielsweise bei den „Echten Weberknechten", die eine Familie der Ordnung der „Weberknechte" sind.

Wissenschaftliche Namen sind eindeutig

Während die wissenschaftlichen Namen eindeutig sind, führen uns die deutschen Namen manchmal in die Irre. Nicht alles, was den Namensbestandteil „Fliege" trägt, ist eine Fliege. Wie am Anfang des Kapitels bereits besprochen, sind Florfliegen keine Fliegen, sondern eine Familie in der Ordnung der Netzflügler. Daher ist es auch nicht verwunderlich, dass Skorpionsfliegen weder mit Fliegen noch mit Skorpionen etwas zu tun haben (suche sie im Bestimmungsteil, Tipp: 4 Flügel, Kopf schnabelartig verlängert), sondern in die Ordnung der Schnabelfliegen gehören. Diese besitzen zwar einen Schnabel, haben aber mit den Fliegen nichts zu tun.

Echte Fliegen, Florfliege, Stubenfliege und Skorpionsfliege sollen deshalb, wie alle am Anfang des Kapitels genannten Arten, hier systematisch eingruppiert werden.

Stamm	Klasse	Ordnung	Familie	Gattung	Art	Dtsch. Name
Wirbeltiere	Säugetiere	Raubtiere	Katzenartige	Panthera	leo	Löwe
Gliedertiere	Insekten	Käfer	Marienkäfer	Coccinella	septem-punctata	Siebenpunkt-Marienkäfer
		Schnabel-fliegen	Skorpions-fliegen	Pannorpa	communis	Skorpions-fliege
		Netzflügler	Florfliegen	Chrysopa	perla	Gemeine Florfliege
		Zweiflügler	Echte Fliegen	Musca	domestica	Gemeine Stubenfliege
	Spinnentiere	Webespinnen	Radnetz-spinnen	Araneus	diadematus	Garten-Kreuzspinne
	Krebstiere	Asseln	Landassel	Oniscus	assellus	Mauerassel

Tiere brauchen einen Namen

Tiere haben auf alle Fälle wissenschaftliche Namen für Art, Gattung, Familie usw. Für einige gibt es entsprechende deutsche Namen. Wenn wir Tiere bestimmen, müssen wir sie mit einem Namen benennen, diesen Namen auch lernen und im System richtig einordnen. Ob wir den wissenschaftlichen Namen oder den deutschen Namen dabei verwenden, ist eigentlich egal, wenn wir das Prinzip verstanden haben, das dahinter steckt. Ich habe mich dafür entschieden, im Bestimmungsteil nur deutsche Namen zu verwenden, auch wenn sie manchmal etwas gekünstelt wirken, wie die Ordnung der „Wenigborstenwürmer", zu der die Familie der Regenwürmer gehört.

6. Literaturverzeichnis

Die hier aufgeführten Bücher waren mir beim Erstellen der Bestimmungshilfe sehr hilfreich. Zuerst liste ich Bildbestimmungsbücher auf, dann folgen wissenschaftliche Bestimmungsbücher und anschließend ein Buch zur Systematik. Zum Schluss führe ich zwei Lexika und eine wissenschaftliche Veröffentlichung an, die mir als Nachschlagewerke stets hilfreich sind und immer griffbereit auf meinem Arbeitstisch liegen. Die Auswahl stellt keine Wertung dar und erhebt auch keinen Anspruch auf Vollständigkeit.

1. Bildbestimmungsbücher

Baehr, B. & Baehr, M. (2002): Welche Spinne ist das? Die bekanntesten Arten Mitteleuropas. Mit Sonderteil: Exotische und giftige Spinnen der Welt. Kosmos Naturführer – Stuttgart: Kosmos.

Bellmann, H. (2002): Spinnen. Extra: Netzformen und Eikokons. Kosmos Naturführer – Stuttgart: Kosmos.

Bellmann, H. (2001): Kosmos Atlas Spinnentiere Europas und Süßwasserkrebse, Asseln, Tausendfüßer. Stuttgart: Kosmos.

Bellmann, H. (1999): Der neue Kosmos-Insektenführer. Kosmos Naturführer – Stuttgart: Kosmos.

Chinery, Michael (2004): Pareys Buch der Insekten: Über 2000 Insekten Europas. Kosmos Naturführer – Stuttgart: Kosmos.

Harde, K. W. & Severa, F. (2000): Der Kosmos Käferführer: Die mitteleuropäischen Käfer. Kosmos Naturführer – Stuttgart: Kosmos.

Kattmann, U. (2001): Elfen, Gaukler & Ritter: Insekten zum Kennenlernen. – Seelze-Velber: Kallmeyersche Verlagsbuchhandlung.

Müller, H. J. (Hrsg.) (1995): Bestimmung wirbelloser Tiere. Bildtafeln für zoologische Bestimmungsübungen und Exkursionen. – Heidelberg: Spektrum Akademischer Verlag Stuttgart.

Rietschel, S. (2002): Insekten. Käfer, Libellen und andere. Treffsicher bestimmen mit dem 3er-Check. TopGuideNatur – München: BLV Verlagsgesellschaft.

Zahradnik, J. (2002): Der Kosmos-Insektenführer. Kosmos Naturklassiker – Stuttgart: Kosmos.

2. Wissenschaftliche Bestimmungsbücher

Brohmer, P. (2002): Fauna von Deutschland: Ein Bestimmungsbuch unserer heimischen Tierwelt. – Heidelberg: Quelle & Meyer.

Stresemann, E. (Hrsg.) (1992): Exkursionsfauna von Deutschland. Bd. 1 Wirbellose. – München, Jena: Urban und Fischer.

Stresemann, E. (Hrsg.) (2000): Exkursionsfauna von Deutschland. Bd. 2 Wirbellose, Insekten. – Heidelberg: Spektrum Akademischer Verlag.

Stresemann, E. (Hrsg.) (2003): Exkursionsfauna von Deutschland. Bd. 3 Wirbeltiere. – München, Jena: Urban und Fischer.

3. Zur zoologischen Systematik

Storch, V. & Welsch, U. (2003): Systematische Zoologie. – Heidelberg: Spektrum Akademischer Verlag.

4. Zum Nachschlagen

Jacobs, W. & Renner, M. (1998): Biologie und Ökologie der Insekten. Ein Taschenlexikon. – Heidelberg: Spektrum Akademischer Verlag.
Anmerkung: Unentbehrliches Nachschlagewerk über Insekten.

Vökl, W. & Blick, T. (2004): Die quantitative Erfassung der rezenten Fauna von Deutschland. Eine Dokumentation auf der Basis der Auswertung von publizierten Artenlisten und Faunen im Jahr 2004. Ergebnisse einer Studie im Auftrag des Bundesamtes für Naturschutz. – BfN-Skripten, 117.
Anmerkung: Alle Angaben von Artenzahlen in dieser Bestimmungshilfe, wie beispielsweise auf den Steckbriefen ab Seite 16, stammen aus dieser Arbeit. Hier erfahren wir auch, dass in Deutschland – ohne die Einzeller – 44 787 Tierarten vorkommen. Davon sind allein 33 305 verschiedene Insektenarten. Diese Arbeit ist nicht im Buchhandel erhältlich. Sie muss direkt beim Bundesamt für Naturschutz, Konstantinstr. 110, 53179 Bonn, bestellt werden.

Werner, F. Cl. (1972): Wortelemente lateinisch-griechischer Fachausdrücke in den biologischen Wissenschaften. – suhrkamp taschenbuch 64 474. Frankfurt: Suhrkamp.
Anmerkung: Wer wissen will, aus welchen Wortelementen sich die wissenschaftlichen Namen zusammensetzen, und auch an deren deutscher Bedeutung interessiert ist, findet hier Antwort auf fast alle Fragen.

Mein Tier

Beobachte dein Tier und beantworte die Fragen!

- Wie viele Beine hat dein Tier? ______________________________
- Wie viele häutige Flügel siehst du bei deinem Tier? ______________
- Was fällt dir an deinem Tier besonders auf?

____

Zeichne dein Tier genau ab!

Ich nenne es ______________________________!

Sein Name ist ____.

Es ernährt sich von _______________________________________.

Einordnung in das System	
Klasse	
Ordnung	
Familie	

Ich habe es am __________________________________ gefunden.

Genauer Fundort: ____

Das Wetter war: ○ ○ ○ ○

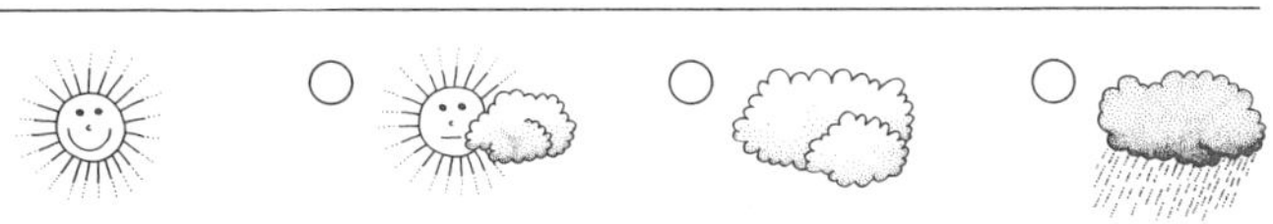